Walter Benjamin zur Einführung

Sven Kramer

Walter Benjamin zur Einführung

JUNIUS

Junius Verlag GmbH
Stresemannstraße 375
22761 Hamburg
www.junius-verlag.de

Umschlaggestaltung: Florian Zietz
Titelfoto: Suhrkamp Verlag
Satz: Junius Verlag GmbH
Printed in the EU 2021
ISBN 978-3-88506-683-5
5., ergänzte Aufl. 2021

Bibliografische Information Der Deutschen Bibliothek
Die Deutsche Bibliothek verzeichnet diese Publikation in der Deutschen Nationalbibliografie; detaillierte bibliografische Daten sind im Internet über http://dnb.dnb.de abrufbar.

Inhalt

Anhang

1. Einleitung

»Sich in einer Stadt nicht zurechtfinden heißt nicht viel. In einer Stadt sich aber zu verirren, wie man in einem Walde sich verirrt, braucht Schulung.« (VII, 393)[1] Das notiert in der *Berliner Kindheit um 1900* Benjamins Erzähler über Berlin, jene Stadt, die er von klein auf kennt. Die Orientierung auf das rubrizierende Wissen, jene unabdingbare Voraussetzung für das Sich-Zurechtfinden – hier gilt es als Hindernis: der Überblick *soll* verloren gehen. Erst dann können Erfahrungen freigesetzt werden, die sonst durch den routinierten, instrumentellen Umgang mit den Schauplätzen des Lebens im Abseits bleiben. Und auf genau diese Erfahrungen kommt es dem Erzähler, kommt es auch Benjamin selbst an.[2]

Dessen Werk gehört mittlerweile zum Grundinventar der geisteswissenschaftlichen Diskurse. Viele Intellektuelle schlugen Lektüre-Schneisen in es hinein, die sich durch die Tradierung in Forschung und Lehre zu Hauptstraßen auswuchsen. Diese kanonisierten Trassen können Benjamin-Unkundige – gleichsam die Ortsfremden – wie Straßenschilder nutzen. Sie werden sich zurechtfinden und einen Überblick gewinnen. Auch Benjamins Erzähler spricht ja, obwohl er sich von ihm lösen möchte, aus einem solchen Wissen heraus. Eine Einführung sollte einige der bekannteren Adressen vorstellen. Nehmen wir aber Benjamins Begriff der Erfahrung ernst, darf es dabei nicht bleiben. Nur muss das Weitere jedem Einzelnen übertragen werden, denn es überschreitet das Kanonisierte und knüpft an die gelebte Wirklichkeit der Individuen an. Vielleicht gelingt ein Rundgang bis an diese Schwelle, an der die Forschung produktiv vergessen werden darf, damit die »Straßennamen zu dem Irrenden so sprechen wie das Knacken trockner Reiser« (VII, 393).

Benjamins heutige Popularität steht im genauen Gegensatz zu der Unbekanntheit während seiner letzten Lebensjahre. Im Exil erschienen seine Schriften – wenn überhaupt – nur an entlegener Stelle; vieles blieb zunächst ungedruckt. 1942, zum fünfzigsten Geburtstag, gab Theodor W. Adorno eine hektographierte Zusammenstellung einiger wichtiger Arbeiten Benjamins heraus. Adorno war es auch, der sich nach dem Krieg um die Publikation von Benjamins Schriften in Deutschland bemühte: 1950 setzte er den Druck der *Berliner Kindheit* bei Suhrkamp durch. 1955 gaben dann er und Gershom Scholem der Benjamin-Rezeption eine erste Grundlage, indem sie in einer zweibändigen Ausgabe Benjamins *Schriften* edierten. Längst vergriffene oder nie gedruckte Texte waren nun endlich zugänglich gemacht worden. Weitere Auswahlbände, die insbesondere die Studentenbewegung beeinflussten, folgten 1961 und 1966. Hinzu kam in diesem Jahr eine von Adorno und Scholem herausgegebene zweibändige Edition ausgewählter *Briefe*, die allerdings wegen ihrer Auswahlkriterien und Kürzungen zu Recht kritisiert wurde.

Den herausragenden Rezeptionsschub leitete jedoch die kommentierte Ausgabe von Benjamins *Gesammelten Schriften* ein, an der Rolf Tiedemann und Hermann Schweppenhäuser seit den späten Sechzigerjahren arbeiteten.[3] Von 1972 bis 1989 erschienen sieben reguläre, dann noch drei Supplement-Bände mit Benjamins Arbeiten als Übersetzer. In vorbildlicher Weise stellte die vieldiskutierte Edition das lange vermisste philologische Fundament für die wissenschaftliche Auseinandersetzung mit Benjamin dar. Das nicht nachlassende Interesse an Benjamins Werk ermöglichte eine dritte Werkausgabe, die wiederum der Suhrkamp Verlag verlegt. Seit 2008 erscheint die auf insgesamt 21 Bände angelegte

Kritische Gesamtausgabe, herausgegeben von Christoph Gödde und Henri Lonitz in Zusammenarbeit mit dem Walter Benjamin Archiv. Erstmals werden nun die Texte Benjamins mitsamt sämtlichen Vorarbeiten abgedruckt, ergänzt durch die Kommentare der Einzelbandherausgeber. Die Ausgabe kommt textgenetischen Lesarten entgegen und bietet eine Fülle von zusätzlichen Informationen wie zum Beispiel detaillierte Hinweise auf die von Benjamin benutzten Quellen. Auch arbeitet sie mit Faksimiledrucken derjenigen Seiten, die visuelle Elemente enthalten.

Abgeschlossen ist auch die sechsbändige, sorgfältig kommentierte Ausgabe der *Gesammelten Briefe*. Christoph Gödde und Henri Lonitz gaben sie zwischen 1995 und 2000 heraus. Erstmals liegt damit eine verlässliche, auf Vollständigkeit zielende Edition vor, die den Reichtum der benjaminschen Korrespondenz vergegenwärtigt. Auch wird sichtbar, in welchem Maße das dialogische Moment für Benjamins Denken essenziell ist. In den gesondert publizierten Briefwechseln mit Gershom Scholem, Theodor W. Adorno sowie Gretel Adorno kann dies detailliert nachvollzogen werden. Benjamins Nachlass, der zeitweilig über mehrere Länder verstreut war, ist mittlerweile im Walter Benjamin Archiv der Akademie der Künste in Berlin zusammengeführt und für die Forschung zugänglich gemacht worden. Hier finden sich Kopien jener Manuskripte, die in Jerusalem, Moskau und Gießen liegen. Es war ein langer Weg, aber mittlerweile darf gesagt werden: Insgesamt hat die Archiv- und Editionslage ein sehr gutes Niveau erreicht.

Das war zu Benjamins Lebzeiten anders. In den Zwanzigerjahren hatte er sich einen gewissen Ruf als Publizist und Privatgelehrter erarbeitet, doch zwischen 1933 und dem Erscheinen der *Schriften* 1955 »gehörte sein Name«, so Scholem, »zu den verschollensten in der geistigen Welt«[4]. Dies begann sich dann zu ändern, obgleich die Frequenz der Einlassungen niedrig blieb.[5]

Erst Mitte der Sechzigerjahre erlangte Benjamin eine gewisse Popularität. Das gesellschaftliche Klima hatte sich durch die Studentenbewegung verändert; die Kritische Theorie des Frankfurter Instituts für Sozialforschung, in dessen Zeitschrift neben Adorno, Horkheimer und Marcuse auch Benjamin publiziert hatte, verdrängte den bis dahin vorherrschenden Existenzialismus. Adornos Schüler legten Untersuchungen vor, die sich an der Benjamin-Lesart ihres Lehrers orientierten.[6] Gegen diese wandten sich Teile der Studentenbewegung, die bekanntlich selbst von der Kritischen Theorie beeinflusst war. In verschiedenen Zeitschriften – hervorzuheben ist die *alternative* – stritt man für ein Bild von Benjamin, das die politischen Implikationen seines Werkes freilegte. Betont wurden die von Adorno und Scholem vernachlässigten revolutionären Obertöne, die Beziehung zu Brecht sowie Benjamins Selbstverständnis als Stratege im Literaturkampf.

Der in der Debatte gepflegte aufgeregte Ton zeigt an, dass hier zentrale Identifikationen auf dem Spiel standen. Zum Teil diente Benjamin als Vehikel des Aufbegehrens gegen die geistigen Väter, vor allem gegen Adorno. Auf der anderen Seite förderte man Wichtiges zutage. So konnte die Entstehungsgeschichte der späten Arbeiten über Baudelaire rekonstruiert werden, die von maßgeblichen Eingriffen des Instituts für Sozialforschung geprägt war. Die von diesem zurückgewiesene Fassung der Arbeit wurde erstmals publiziert und gewürdigt. Zugleich forderte man die umfassende Veröffentlichung des benjaminschen Werkes und den ungehinderten Zugang zu den Archiven. Nun war die Öffentlichkeit sensibilisiert und jeder neu erschienene Band der *Gesammelten Schriften* wurde kontrovers diskutiert.

Die Publizität Benjamins machte sich seit den Siebzigerjahren im Forschungsbetrieb bemerkbar; viele Monographien und eine kaum überschaubare Anzahl von Dissertationen entstanden. Die Benjamin-Forschung ergriff nahezu alle geisteswissenschaftlichen

Fächer und differenzierte sich in der Wahl ihrer Themen immer stärker aus. Dies gilt nicht nur für den deutschen Sprachraum, sondern auch für andere Länder, denn mittlerweile wurden Benjamins Texte in zahlreiche Sprachen übersetzt. Bemerkenswert ist dabei, wie viele verschiedene theoretische Richtungen sich heute auf ihn berufen. So hat sich zum Beispiel seit den Achtzigerjahren eine poststrukturalistische Lesart herausgebildet.

Angesichts dieser Breite in der Auseinandersetzung mit Benjamin bleibt für diese Einführung jedes Streben nach Vollständigkeit illusorisch. Im Folgenden soll deshalb der Beitrag Benjamins zu vier zentralen Theoriefeldern ausgemessen werden: zur Sprachtheorie, zum ästhetisch-erkenntnistheoretischen Komplex, zur Medien- sowie zur Geschichtstheorie. Mit den Überschriften der zugehörigen Kapitel soll nicht suggeriert werden, Benjamin habe abgeschlossene Theorien vorgelegt. Sein Denken, das sich immer wieder »bei Gelegenheit von« entfaltete, charakterisiert vielmehr ein Widerwille gegen philosophische Systeme. Die Überschriften sollen eine erste Verortung in der heutigen wissenschaftlichen Landschaft ermöglichen und dürfen – wie die oben angesprochenen Straßenschilder – bei Bedarf produktiv vergessen werden. Vorausgeschickt sei auch, dass aus Platzgründen nur ein Bruchteil der umfangreichen Sekundärliteratur überhaupt erwähnt werden kann. Zu den angesprochenen Themen existiert also weitere Speziallektüre, die am besten über die im Anhang angegebenen Bibliographien zu erschließen ist.

Die Kapitel enthalten Skizzen zu Benjamins Lebenslauf sowie zu seinem Verhältnis zu Scholem, Brecht und Adorno, denn Benjamins Denken und Schreiben ist zuinnerst sowohl mit den zeitgeschichtlichen Ereignissen verknüpft, die sich auf seine Biografie auswirkten, als auch mit den Freundschaften, die er unterhielt. Sein Denken entstand geradezu programmatisch innerhalb dieser spannungsreichen Beziehungen. In einem Brief an Gretel

Karplus, die später Adorno heiratete, hat er dies 1934 selbst formuliert:

> »In der Ökonomie meines Daseins spielen in der Tat einige wenige gezählte Beziehungen eine Rolle, die es mir ermöglichen, einen, dem Pol meines ursprünglichen Seins entgegengesetzten zu behaupten. Diese Beziehungen haben immer den mehr oder weniger heftigen Protest der mir nächststehenden herausgefordert [...]. In solchem Falle kann ich wenig mehr tun, als das Vertrauen meiner Freunde dafür erbitten, daß diese Bindungen, deren Gefahren auf der Hand liegen, ihre Fruchtbarkeit zu erkennen geben werden. Gerade Dir ist es ja keineswegs undeutlich, daß mein Leben so gut wie mein Denken sich in extremen Positionen bewegt. Die Weite, die es dergestalt behauptet, die Freiheit, Dinge und Gedanken, die als unvereinbar gelten, neben einander zu bewegen, erhält ihr Gesicht erst durch die Gefahr.« (GB IV, 440 f.)

Gerade Scholem, Brecht und Adorno standen einander zunächst skeptisch bis ablehnend gegenüber, was Benjamin keineswegs daran hinderte, seine intensiven Verbindungen zu den Gescholtenen – gegen alle Einwände der anderen – weiter zu pflegen. Indem er sein Denken in die Extreme versetzt, droht die Gefahr des Selbstverlusts, weil eine Synthese im Zeichen der vertrauten Lösungen nicht mehr gelingt. Auch hier verlässt Benjamin die bekannten Pfade und setzt durch das momentane Aufgeben der Orientierung, in der Entäußerung des Denkens, innovative Momente frei. Somit reichen seine »Irrkünste« (VI, 469) bis in die existenzielle Dimension hinein. Denken war für ihn keine akademische Trockenübung, sondern zeitlebens die entscheidende Form seiner Weltzuwendung.

2. Sprachtheorie

Am 15. Juli 1892 wurde Walter Benjamin in Berlin geboren. Sein Vater war Bankkaufmann und Auktionator, gelangte durch Geschäfte an der Börse zu Wohlstand und führte seither das Leben eines Rentiers.[7] 1891 heiratete er Pauline Elise Schoenflies. Die Familie zählte zum assimilierten Judentum, stand den Reformgemeinden nahe und beging die jüdischen Feiertage ebenso wie das christliche Weihnachten. Behütet, immer unter den Augen eines Kindermädchens, wuchs Benjamin im großbürgerlichen Westen der Stadt auf. Seine Kindheitseindrücke hat er in der *Berliner Kindheit um 1900* verarbeitet. Dieser zu Lebzeiten ungedruckt gebliebene, von 1932 bis 1934 geschriebene Text ist weit mehr als eine Kindheitsautobiografie.[8] Dennoch schildert er auch ganz anschaulich die Lebenswelt eines wohlsituierten Kindes im Berlin des Wilhelminismus: die Loggien in den Hinterhöfen, die »Karyatiden und Atlanten, [...] Putten und Pomonen« (VII, 395) der Gründerzeitfassaden und -hausflure, den »Takt der Stadtbahn und des Teppichklopfens« (VII, 386), die ersten Schul- und Leseerfahrungen, die Sommerwohnungen in der Berliner Umgebung, das Kaiserpanorama und den Tiergarten.

Weil Benjamin in der Schule kränkelte, musste er sie 1904 für zwei Jahre verlassen, er wurde in ein thüringisches Landerziehungsheim verschickt. Hier unterrichtete von 1903 bis 1906 Gustav Wyneken, der in dem Jungen das Interesse für Philosophie und Literatur weckte. Zurück in Berlin, legte Benjamin 1912 das Abitur ab. Mit einer ausgedehnten Fahrt nach Norditalien begann dann seine lebenslange Begeisterung für das Reisen. Schon 1913 besuchte er erstmals Paris.

Sein Studium der Philosophie und der Philologie nahm er 1912 auf; zunächst in Freiburg im Breisgau, dann in Berlin, seit dem Herbst 1915 in München, später in Bern. Zwischen 1912 und 1914 schloss er sich der Schulreformbewegung an, für die er organisatorisch und publizistisch tätig wurde. Die Strömung gehörte in das breite Spektrum der Jugendbewegung, die mit dem Treffen auf dem Hohen Meißner, an dem Benjamin vermutlich teilnahm, 1913 ihren Höhepunkt erlebte. Er suchte engen Kontakt zu seinem ehemaligen Lehrer Wyneken, dem geistigen Vorreiter der Schulreformbewegung. An der Zeitschrift *Anfang*, die Wynekens Ideen propagierte, arbeitete Benjamin um 1913 intensiv mit.

Nach dem Beginn des Ersten Weltkriegs setzten innerhalb der Redaktion Richtungskämpfe um die Beurteilung dieses Krieges ein. Benjamin, der nicht in die nationale Begeisterung von 1914 einstimmte, distanzierte sich deshalb von der Zeitschrift und brach mit Wyneken. Auch in seiner Berliner Umgebung herrschte die Meinung vor, der Krieg sei sinnlos. So töteten sich 1914 der Freund Fritz Heinle und seine Verlobte Rika Seligson selbst.[9] Dass dieser Krieg einen mentalitätsgeschichtlichen Einschnitt ersten Ranges darstellte, steht heute außer Zweifel. Die meisten Zeitgenossen verknüpften den Bruch jedoch mit dem Ende des Krieges. Für Benjamin war es schon der Kriegsbeginn. Viele seiner Schulfreunde kamen in dem Gemetzel um; Benjamin selbst entging der Einberufung. Zunächst stufte man ihn als untauglich ein, später simulierte er Ischiasanfälle. Schließlich entkam er dem Krieg durch die Übersiedlung ins schweizerische Bern. Dort lernte er unter anderen Ernst Bloch kennen.

Hier schloss er 1919 auch sein Studium mit der Promotion ab. Zwei bedeutende Frühschriften entstanden noch während des Studiums. Sie zirkulierten nur im engsten Freundeskreis. Neben einer konzentrierten Lektüre der hölderlinschen Gedichte *Blödigkeit* und *Dichtermut* (*Zwei Gedichte Friedrich Hölderlins*, 1914/15) ist es vor allem der sprachtheoretische Aufsatz *Über Sprache überhaupt und über die Sprache des Menschen* (II, 140-157) von 1916.

Wort und Name

Benjamin gibt seiner frühen Sprachtheorie einen theologisch-metaphysischen Rahmen. Damit unterscheidet sie sich grundlegend von einem anderen Epoche machenden Werk aus dem Jahre 1916: von Saussures Begründung des Strukturalismus im *Cours de linguistique générale*. Orientiert sich dieser bei der Analyse der Sprache an den wissenschaftlichen Prinzipien des Positivismus und begreift Sprache als ein System von Zeichen, so entwickelt Benjamin seine Sprachtheorie im Medium der Lektüre eines mythologischen Textes – des Alten Testaments – und sieht in der Sprache weit mehr als ein System von Zeichen. Die Reflexion auf die unterstellte göttliche Sphäre wird in Benjamins Theorie produktiv, indem sie eine Perspektive eröffnet, in der jene Dimensionen der Sprache thematisiert werden können, die nicht vom menschlichen Wollen dominiert werden. Jene Dimensionen also, die nicht in der intendierten, prädikativen Mitteilung aufgehen, sondern in denen unmittelbar noch etwas anderes kommuniziert wird – wie zum Beispiel in der poetischen Sprache.

Nach Benjamins Sprachaufsatz von 1916 hat alles an der Sprache teil, was sein geistiges Wesen im Ausdruck mitteilt. Darunter fasst er neben dem Menschen alles in der belebten sowie in der unbelebten Natur. Damit etabliert er den weitestmöglichen Begriff von der Sprache. Nur die Ideen partizipieren nicht an ihr, während die Natur zwar eine Sprache spricht, aber eine ohne Laute, also eine stumme. Das geistige Wesen der Dinge unterscheidet Benjamin vom sprachlichen, jedoch teilt sich das geistige durch das sprachliche mit; und zwar von Fall zu Fall vollständig oder nur teilweise, je nachdem, ob das geistige Wesen sich vollständig ins sprachliche auflöst. Nicht mitteilbar ist das geistige Wesen dort, wo es nicht in das sprachliche hineinreicht.[10] So bleibt dem Ausdruck und der Sprache – und damit auch der menschlichen Wahrnehmung – ein Teil des geistigen Wesens unzugänglich und verborgen. Das Mitteilbare des geistigen Wesens hingegen »ist unmittelbar die Sprache selbst. [...] Oder genauer: jede Sprache teilt sich *in* sich selbst mit, sie ist im reinsten Sinne das ›Medium‹ der Mitteilung. Das Mediale, das ist die *Unmittel*barkeit aller geistigen Mitteilung, ist das Grundproblem der Sprachtheorie, und wenn man diese Unmittelbarkeit magisch nennen will, so ist das Urproblem der Sprache ihre Magie [...].« (II, 142 f.) Mit diesen Gedanken knüpft Benjamin an Theorien von Johann Georg Hamann (1730-1788) und den Frühromantikern an, die die Erfahrung einer Sprachdimension jenseits der prädikativen Mitteilung mit okkulten Phänomenen in Mystik und Magie verglichen hatten, ohne selbst dem Okkultismus zu verfallen.[11] Des Weiteren legt Benjamin damit in seiner Sprachtheorie die Grundlagen für seine später entfalteten medientheoretischen Überlegungen.

Im Sprachaufsatz fährt er mit der Ausdifferenzierung verschiedener sprachlicher Sphären fort. Von der stummen Sprache der Dinge unterscheidet er die benennende Sprache des Menschen und die des göttlichen Wortes. Dort, wo das geistige Wesen des Menschen sich im Benennen vollständig als sprachliches realisiert, verfährt er im Medium des Namens. Die Existenz des Namens und die Fähigkeit des Menschen, ihn zu nennen, verbürgen nach Benjamin, dass die Sprache mit dem geistigen Wesen des Menschen zusammenfällt, dass also der Mensch das einzige Lebewesen ist, dessen geistiges Wesen vollständig mitteilbar ist. Doch durch seine Befähigung zur Namengebung fällt dem Menschen noch eine weitere Aufgabe zu, denn mithilfe des namentlichen Benennens erkennt er die Dinge nicht nur, sondern er verhilft ihnen auch zu einer anderen Sprache: »Gottes Schöpfung vollendet sich, indem die Dinge ihren Namen vom Menschen erhalten, aus dem im Namen die Sprache allein spricht [...].« (II, 144) Benjamin weist dem Menschen eine aktive Rolle im Schöpfungsprozess zu. Indem dieser den Dingen im Namen zur Sprache verhilft und dabei sein eigenes Wesen realisiert, wirkt er im Sinne der Offenbarung. Damit wendet Benjamin den romantischen und beim frühen Marx vorkommenden Gedanken, der die Humanisierung der Natur bei gleichzeitiger Naturalisierung des Menschen fordert, ins Theologische.[12]

Sprache in diesem Sinne hat vornehmere Aufgaben als die Übermittlung von Informationen. Deshalb wendet sich Benjamin vehement gegen einen verkürzten Sprachbegriff, den er der bürgerlichen Auffassung von Sprache zurechnet. Diese besagt: »Das Mittel der Mitteilung ist das Wort, ihr Gegenstand die Sache, ihr Adressat ein Mensch [...].« (II, 144) Solch eine instrumentelle Auffassung ist mit der medial gedachten Sprache nicht vereinbar. In dieser sind die Worte keine Vehikel zur Übermittlung von etwas anderem, sondern mit ihnen selbst ist das sprachliche Wesen da und in ihnen gelangt das geistige zur Erkenntnis. Das Wort steht auch weder in einem zufälligen Verhältnis zu den Dingen noch ist es »ein durch irgendwelche Konvention gesetztes Zeichen der Dinge (oder ihrer Erkenntnis)« (II, 150). Die strukturalistische These von der Arbitrarität der Zeichen weist Benjamin an dieser Stelle also ausdrücklich zurück.[13] Denn er sieht in der medialen Unmittelbarkeit der Sprache ihren offenbarenden, enthüllenden Charakter am Werk.[14]

Solche Überlegungen sind auch von zentraler Bedeutung für Benjamins Erkenntnistheorie. Seine Sprachtheorie enthält erkenntnistheoretische Fundamente, denn die Sprachlichkeit der

Dinge und Lebewesen gewährleistet, dass diese sich dem Menschen überhaupt vernehmbar machen, dass er sie also wahrnehmen kann. Die namentliche Benennung aber, das dem Menschen gemäße sprachliche Verhalten, fällt mit der Erkenntnis der Dinge zusammen. Diese bezieht Benjamin wiederum auf die theologische, nicht auf die zwischenmenschlich-kommunikative Sphäre: durch die Namengebung spreche der Mensch nicht in erster Linie zu seinesgleichen, sondern »im Namen teilt das geistige Wesen des Menschen sich Gott mit« (II, 144).

Der zweite Teil des Sprachaufsatzes enthält eine Auslegung des Genesiskapitels aus der *Bibel.* Benjamin betont, dass es ihm nicht darum gehe, der *Bibel* den Status eines geoffenbarten Textes zuzusprechen. Trotz aller religiösen Thematik betreibt er keine Theologie. Er legt die *Bibel* vielmehr deshalb zugrunde, weil sie (wie er selbst) erstens die Sprache als eine »unerklärliche und mystische Wirklichkeit« (II, 147) voraussetzt und zweitens die ersten, metaphysischen Gründe der Sprache thematisiert.

Gott erschuf die Welt durch das Wort. In diesem vereinigen sich Offenbarung – denn geistiges und sprachliches Wesen fallen unmittelbar zusammen – und Erkenntnis – denn das schaffende Wort ist zugleich der treffende Name: »In Gott ist der Name schöpferisch, weil er Wort ist, und Gottes Wort ist erkennend, weil es Name ist [...].« (II, 148) Dieses schöpferische Wort benutzte er aber nicht für die Erschaffung des Menschen; Adam modellierte er aus Erde. Der Mensch ist also der Unbenannte, dem die Sprache mitgegeben wurde, um selbst zu benennen. »Gottes sprachliches Wesen ist das Wort. Alle menschliche Sprache ist nur Reflex des Wortes im Namen. Der Name erreicht so wenig das Wort wie die Erkenntnis die Schaffung. Die Unendlichkeit aller menschlichen Sprache bleibt immer eingeschränkten und analytischen Wesens im Vergleich mit der absoluten uneingeschränkten und schaffenden Unendlichkeit des Gotteswortes [...].« (II, 149) Durch die Fähigkeit zum Namengeben nimmt der Mensch eine einzigartige Stellung unter den Kreaturen ein: er soll die Schöpfung vollenden. Mit der Benennung im Eigennamen kommt er dem schaffenden Gotteswort am nächsten, denn hier spricht er sich und seinesgleichen aus. Mit der Benennung der sonstigen Naturdinge vollzieht er dagegen eine Übersetzung, und zwar aus den wortlosen Sprachen der Dinge in die des Namens. Dabei gelangt er zur Erkenntnis der benannten Dinge und wirkt zugleich im Sinne der Offenbarung. »Die paradiesische Sprache des Menschen muß die vollkommen erkennende gewesen sein« (II, 152), schreibt Benjamin.

Doch dabei belässt er es nicht, denn aus diesem Idealzustand ist die Sprache längst herausgetreten. Die paradiesischen Verhältnisse dienen vielmehr als eine Folie, auf der die gegenwärtigen, nachparadiesischen ihr Profil gewinnen. Das heißt aber nicht, dass die obigen Bestimmungen nun funktionslos geworden wären. Als verschüttete sind sie immer noch wirksam und geben zugleich der Sprachtheorie, wie auch dem Sprachgebrauch, als regulative Idee eine Orientierung auf das Utopische mit.

Der Sündenfall bezeichnet auch bei Benjamin die Erkenntnis von gut und böse. Mit ihr verlässt die menschliche Sprache die Sphäre des adamitischen Namens. Weil Gott seine Schöpfung am siebten Tag als gut erkannte, nimmt auch der Name sie als solche an. Dagegen erscheint das Wissen um gut und böse bei Benjamin als ein namenloses; es sei »im tiefsten Sinne nichtig« (II, 152). Der entscheidende Unterschied der Namensprache zur nun entstehenden des nachparadiesischen menschlichen Worts ist der Umstand, dass die Mitteilung einen anderen Charakter gewinnt. Meinte Mitteilung zuvor die magische Präsenz des geistigen Wesens im Medium Sprache, so geht es nun um etwas anderes als das Sich-Aussprechen des Phänomens, nämlich um den Transport von Mitteilungen, die das Ding nicht unmittelbar charakterisieren: »Das Wort soll *etwas* mitteilen (außer sich selbst). Das ist wirklich der Sündenfall des Sprachgeistes [...].« (II, 153)

Das menschliche Wort unterscheidet sich vom göttlichen, weil es nicht schaffend wirkt, und vom Namen, weil es nicht erkennend ist. In ihm wird die Sprache zum bloßen Zeichen, das den Makel trägt, dass über seine Trefflichkeit Ungewissheit herrscht. Dieses Wort ruft deshalb das Gericht herbei, das im Urteil einen Akt der Reinigung und Erhöhung vollzieht. Auf dieser Stufe führt Benjamin die magische Seite der Sprache erneut ein: »Dem richtenden Wort ist [...] die Erkenntnis von gut und böse unmittelbar. Seine Magie ist eine andere als die des Namens, aber gleich sehr Magie [...].« (II, 153) Denn unmittelbar mit dem Urteil wird die Vertreibung aus dem Paradies vollzogen. Das richtende Wort scheint deshalb sowohl der göttlichen als auch der menschlichen Sphäre zuzugehören.

Benjamin fasst nun die drei Bedeutungen des Sündenfalls für die Sprache zusammen:

> »Indem der Mensch aus der reinen Sprache des Namens heraustritt, macht er die Sprache zum Mittel [...], damit auch an einem Teile jedenfalls zum *bloßen* Zeichen; und das hat später die Mehrheit der Sprachen zur Folge. Die zweite Bedeutung ist, daß nun aus dem Sündenfall als die Restitution der in ihm verletzten Unmittelbarkeit des Namens eine neue, die Magie des Urteils, sich erhebt, die nicht mehr selig in sich selbst ruht. Die dritte Bedeutung, deren Vermutung sich vielleicht wagen läßt, wäre, daß auch der Ursprung der Abstraktion als eines Vermögens des Sprachgeistes im Sündenfall zu suchen sei [...].« (II, 153 f.)

Nach dem Sündenfall ist die menschliche Sprache also nicht nur ärmer – an Sprachseligkeit – geworden, sondern durch die Befähigung zu Urteil und Abstraktion auch reicher. Beide Zustände wirken in der Sprache fort. Was Benjamin als die konkreten Sprachelemente bezeichnet, geht auf die Namensprache zurück; was er die abstrakten Sprachelemente nennt, ist im richtenden Wort und im Urteil fundiert. Mit dem menschlichen Wort stellt sich das Geschwätz ein, das Hinwegreden über die Dinge statt ihres Sich-Aussprechens. Diese Tendenz erreicht ihr Extrem in der Sprachverwirrung und dem Turmbau zu Babel. Der Mensch findet sich in einen Abgrund des Zweifels gestellt, den das Urteil lindert. Neben diesen existenziellen Folgen für die Menschen hat der Sündenfall auch für die stumme Natur eine Konsequenz: wegen ihres Benanntwerdens in den vielen Sprachen muss sie auf die Benennung durch den einen, treffenden Namen verzichten und deshalb unerkannt bleiben. Benjamin deutet ihre Stummheit als Trauer über diesen Zustand und bezeichnet die Überbenennung als tiefsten sprachlichen Grund allen Verstummens. (Vgl. II, 155)

So herrschen noch heute die Sprachverwirrung, die Haltlosigkeit des menschlichen Worts und die Abwesenheit des treffenden Namens. Doch zumindest im Frühwerk radikalisiert Benjamin diese Bestandsaufnahme nicht; trotz des Sündenfalls der Sprache setzt er ihre untergründige, potenzielle Verbindung zur Sphäre des Namens, also zum geistigen Wesen der Dinge, voraus. Darin liegt der metaphysische Impetus seiner frühen Sprachtheorie. In den Eigennamen und der magischen Seite der Sprache sucht er die Relikte des unterstellten Zusammenhangs auf. Diesen findet er auch in der Poesie und in den stummen Sprachen der Werke aus den bildenden Künsten. In ihnen wirkt etwas, was wir aus Erfahrung kennen, allerdings nur ungenau bezeichnen können – etwa den Ton einer Dichtung. Ohne dass die zugehörigen Regeln begrifflich fixiert worden wären, evozieren die Werke eine Gestimmtheit. Auf solche Phänomene unmittelbarer, aber verborgener und undurchschauter Wirksamkeit richtete Benjamin seine sprachtheoretischen Reflexionen aus. Da er diese Optik später auf zahlreiche andere Gegenstände übertrug und dabei immer wieder auf die Denkbewegungen des Sprachaufsatzes zurückging, nimmt dieser in seinem frühen *und* in seinem späten Werk eine hervorgehobene Stellung ein.

Übersetzung

Benjamin legte kein Hauptwerk vor, mit dem er seine Methode metatheoretisch fundiert hätte. Vielmehr entwickelte er seine Gedanken je nach den Anforderungen konkret anliegender Projekte weiter. Deshalb platzierte er seine theoretischen Entwürfe, zumindest im Frühwerk, gerne in den Vorworten, bevor er in den späteren Texten die theoretische Reflexion und die Arbeit am Material in unvergleichlicher Dichte ineinander verfugte.

In den Zwanzigerjahren übersetzte er diverse Schriften aus dem Französischen. Hervorzuheben sind zunächst die zusammen mit Franz Hessel realisierten Übersetzungen aus Prousts Hauptwerk, die 1927 und 1930 bei Rowohlt erschienenen Bände *Im Schatten der jungen Mädchen* und *Die Herzogin von Guermantes*, sowie seine 1923 gedruckten, jedoch schon 1914 begonnenen Baudelaire-Übertragungen. Letztere leitet der Artikel *Die Aufgabe des Übersetzers* (IV, 9-21) ein, in dem Benjamin die Übersetzungspraxis auf seine sprachtheoretischen Überlegungen bezieht.[15]

Dabei verschiebt er die Dimensionen des Begriffs der Übersetzung. Im Sprachaufsatz fundiert er ihn »in der tiefsten Schicht der Sprachtheorie« (II, 151); er meint dort »die Übersetzung der Sprache der Dinge in die des Menschen« (II, 150), die in der adamitischen Namensprache stattfindet und mit der die Erkenntnis der Dinge einhergeht. Schon hier fasst Benjamin einen Gedanken, der in der *Aufgabe des Übersetzers* wichtig wird, und zwar die These von der Zusammengehörigkeit aller Sprachen, in der ihre prinzipielle Übersetzbarkeit ineinander gründet. »Die Übersetzung ist die Überführung der einen Sprache in die andere durch ein Kontinuum von Verwandlungen. Kontinua der Verwandlung, nicht abstrakte Gleichheits- und Ähnlichkeitsbezirke durchmißt die Übersetzung [...].« (II, 151) Im Übersetzer-Aufsatz wendet er sich zunächst den gesprochenen Sprachen zu. Ihn beschäftigt das Problem, ob die Übersetzung literarischer Werke von einer Sprache in eine andere überhaupt möglich sei und unter welchen Prämissen sie gedacht werden könnte. Verliert nicht jedes Werk seinen besonderen Ton, sobald es übersetzt wird? Benjamin erörtert die Frage in mehreren Hinsichten. Zunächst bestimmt er die Bedingung der Möglichkeit der Übersetzung vom Original her. Übersetzung wird gedacht als eine Form, die aus dem Original hervorgehen kann, weil diesem die Eigenschaft der Übersetzbarkeit eignet. Das will besagen, dass »eine bestimmte Bedeutung, die den Originalen innewohnt, sich in ihrer Übersetzbarkeit äußere« (IV, 10). Das Interessante an Benjamins Schluss aus dieser Überlegung ist, dass das, was sich in der Übersetzung äußert, im Original unter Umständen nur potenziell enthalten ist und überhaupt erst durch die Übersetzung realisiert wird. Die Übersetzung gewinnt also neben der rezeptiven Dimension auch eine produktive.

Diese ist mit einem Phänomen verknüpft, das die Geschichtlichkeit der Sprache und des Originals betrifft. Denn obwohl die Gestalt des Originals fixiert sein mag, ändert sich doch das Sprachverständnis und somit auch die Auffassung vom Ton und der Bedeutung eines Werkes. So kann zum Beispiel ein Werk, das zunächst als tragisch empfunden wurde, später gestelzt und lächerlich wirken. Benjamin führt in diesem Zusammenhang den Gedanken vom Fortleben der Werke ein, mit dem er neben der Vorstellung vom Werk auch diejenige von seiner Übersetzung dynamisiert und in eine Perspektive der Zeitlichkeit versetzt. Dass die Werke sich verändern, schreibt er vor allem dem »eigensten Leben der Sprache« (IV, 13) zu. In ihm erkennt er »einen der gewaltigsten und fruchtbarsten historischen Prozesse« (IV, 13), in den die Übersetzung eingebunden ist. Weil die Werke sich ändern, darf der Übersetzer sich nicht an der Idee einer anzustrebenden Identität von Original und Übersetzung festbeißen, sondern muss »auf jene Nachreife des fremden Wortes, auf die Wehen des eigenen« (IV, 13) merken. Dann erreicht das Leben des Originals in den Übersetzungen »seine stets erneute späteste und umfassendste Entfaltung« (IV, 11). Die Übersetzungen werden gleichsam zum Jungbrunnen für das Original. Darin manifestiert sich abermals ihre Produktivität.

Nun liegt der Schluss nahe, dass die mit dem Gedanken vom Fortleben verbundene Relativierung des Originals die Beliebigkeit der Übersetzung zur Folge haben könnte. Doch als Kontrapunkt zur Dynamisierung behält Benjamins Theorie der Übersetzung den Zusammenhang der Sprachen und die Übersetzbarkeit der Werke weiter im Blick. Die Übersetzung könne – anders als das Original – das Verhältnis der Sprachen zueinander darstellen. Als Grund hierfür greift er einen Gedanken aus dem Sprachaufsatz auf: Das »gedachte, innerste Verhältnis der Sprachen ist [...] das einer eigentümlichen Konvergenz. Es besteht darin, daß die Sprachen einander nicht fremd, sondern a priori und von allen historischen Beziehungen abgesehen einander in dem verwandt sind, was sie sagen wollen [...].« (IV, 12) In überhistorischer, philosophisch-spekulativer Sicht, die Benjamin nun mobilisiert, meine jede Sprache dasselbe, spreche es aber anders aus. Die Verwandtschaft der Sprachen beruhe also darauf, dass das gemeinte Eine »nur der Allheit ihrer einander ergänzenden Intentionen erreichbar ist« (IV, 13); die derart konzipierte Totalität aller Sprachen nennt Benjamin die reine Sprache.

Den Gedanken, dass die Sprachen sich in ihren Intentionen ergänzen, bezeichnet er als einen grundlegenden der Sprachphilosophie. Mit ihm widersetzt er sich der Annahme, es gehe bei einer

Übersetzung um die möglichst genaue Kopie eines Werkes in der fremden Sprache. Anstelle solch eines Abbildungsverhältnisses konzipiert er eines der Ergänzung. In der Intention auf die reine Sprache unterscheidet Benjamin das Gemeinte – also etwa einen Laib Brot – von der Art des Meinens – also den Bezeichnungen »Brot« und »pain« in verschiedenen Sprachen. Die Art des Meinens in beiden Sprachen ergänze sich zum Gemeinten. Diese Bewegung der Ergänzung bezieht Benjamin wiederum auf umfassendere, heilsgeschichtliche Zusammenhänge. Das in den einzelnen Sprachen verborgen liegende Gemeinte werde nämlich vom Prozess der Übersetzung betroffen; die Übersetzung mache die Probe darauf, wie weit das Verborgene in den Sprachen »von der Offenbarung entfernt sei« (IV, 14), in der die reine Sprache erst hervortreten könne. Wie im Sprachaufsatz kann auf der Folie der reinen Sprache die Beschaffenheit der zeitgenössischen abgelesen werden. Dann wird deutlich, dass die empirischen Sprachen untereinander in einer unhintergehbaren Fremdheit befangen sind.

Die Aufgabe des Dichters hebt Benjamin klar von der des Übersetzers ab. Letztere besteht darin, »diejenige Intention auf die Sprache, in die übersetzt wird, zu finden, von der aus in ihr das Echo des Originals erweckt wird« (IV, 16). Die Intention der Übersetzung ist damit auf die verborgene reine Sprache ausgerichtet, während die Dichtung sich an konkreten Gehalten orientiert. Für die Praxis des Übersetzens hat dies insofern Folgen, als neben das Kriterium der Wortgetreuheit nun diese Intention auf die Erweckung des Echos – und damit auf die reine Sprache – tritt. Die extremen Pole, zwischen denen die Übersetzer traditionellerweise agierten, sind das sklavische Wort-für-Wort-Übersetzen und die Nachdichtung, sind Treue gegen das Wort und Freiheit. Benjamin diskutiert, ob mithilfe der Kategorie des Sinns eine Vermittlung zwischen beiden gelingen kann. Dabei wird klar, dass eine Übersetzung, die durch Wörtlichkeit das Gemeinte, also den Sinn, unbeschadet wie eine Information von einer Sprache in die andere transferieren möchte, nicht funktionieren kann, denn der Sinn »erschöpft sich nach seiner dichterischen Bedeutung fürs Original nicht in dem Gemeinten, sondern gewinnt diese gerade dadurch, wie das Gemeinte an die Art des Meinens in dem bestimmten Worte gebunden ist« (IV, 17).

Das aber geschieht nur in der Originalsprache und kann nicht ohne Einbuße übersetzt werden. Der Titel von Benjamins Aufsatz – *Die Aufgabe des Übersetzers* – darf deshalb als ein doppelbödiger gelesen werden: eine vollständige, treue Übersetzung kann es im nachparadiesischen Zustand nicht geben. Im Sinne einer regulativen Idee bleibt sie eine Aufgabe, vor deren Vollendung aber immer wieder kapituliert werden muss.[16] Wo die Wörtlichkeit der Übersetzung mit der Intention auf das Gemeinte nicht zum Ziel führt und der Sinn einer Dichtung nicht vollständig übertragen werden kann, weil er aus der je spezifischen Verbindung von Gemeintem und Art des Meinens hervorgeht, schlägt Benjamin vor, die Übersetzung solle »anstatt dem Sinn des Originals sich ähnlich zu machen [...] liebend vielmehr und bis ins Einzelne hinein dessen Art des Meinens in der eigenen Sprache sich anbilden, um so beide wie Scherben als Bruchstück eines Gefäßes, als Bruchstück einer größeren Sprache erkennbar zu machen« (IV, 18).

Die Idee der Ergänzung bezieht er also auf die Art des Meinens und plädiert damit für die Praxis einer physiognomischen Anverwandlung des Originals in der neuen Sprache. In der so verstandenen – nämlich von der Art des Meinens ausgehenden – Wörtlichkeit spricht sich in der Übersetzung zugleich die »Sehnsucht nach Sprachergänzung« (IV, 18) aus. In diesem Prozess soll die Übersetzung produktiv auch für die eigene Sprache werden und deren Grenzen sprachschöpferisch erweitern.

Den idealen Endzustand der Ergänzung der Sprachen durch Übersetzung konzipiert Benjamin mit der Idee des heiligen Textes. In ihm manifestieren sich jene Bestandteile der Sprache, die über die Mitteilung eines Sinns hinausreichen. Schon in den gesprochenen Sprachen muss neben dem Mitteilbaren auch ein Nichtmitteilbares angenommen werden, das in ihrer symbolischen Dimension anwesend ist. Indem sie weitgehend vom Gemeinten absieht und sich der Art des Meinens zuwendet, treibt die Übersetzung, durch die Differenz der Sprachen hindurch, ihr konvergierendes Moment hervor. Stück für Stück entbindet sie das Nichtmitteilbare und drängt dabei den Sinn zurück. Und erst wenn der Sinn in der Sprache erlischt, beginnen die reine Sprache und der heilige Text. In diesem, so Benjamin, habe nämlich der Sinn aufgehört, »die Wasserscheide für die strömende Sprache und die strömende Offenbarung zu sein. Wo der Text unmittelbar, ohne vermittelnden Sinn, in seiner Wörtlichkeit der wahren Sprache, der Wahrheit oder der Lehre angehört, ist er übersetzbar schlechthin. [...] Die Interlinearversion des heiligen Textes ist das Urbild oder Ideal aller Übersetzung [...].« (IV, 21)[17]

Mimetisches Vermögen

In der Vorrede zum *Ursprung des deutschen Trauerspiels* (1928) greift Benjamin noch einmal auf die im Sprach- und im Übersetzer-Aufsatz entwickelten Kategorien zurück. Nachdem er sich aber Mitte der Zwanzigerjahre dem Materialismus zugewandt hatte, gab er seinen frühen sprachtheoretischen Gedanken dann eine neue Wendung und veränderte zugleich seine Terminologie. Direkte Bezugnahmen auf die *Bibel* blieben fast gänzlich aus. Wo Benjamin zuvor im metaphysischen Bezugsrahmen theologischer Ideen agiert hatte, operierte er nun mit materialistischen Erklärungen. Allerdings kann keine Rede davon sein, dass er sich von seinen frühen Gedanken distanziert hätte; er transformierte sie nur. Dabei blieb das theologisch-messianische Moment untergründig bis ins Spätwerk hinein erhalten und trat in eine produktive Spannung zum materialistischen. 1933 verfasste er zwei kleine Texte – *Lehre vom Ähnlichen* (II, 204-210) und *Über das mimetische Vermögen* (II, 210-213) –, von denen der zweite eine Umarbeitung des ersten darstellt. Hier wird Benjamins Bemühen deutlich, den im ersten Text vorgenommenen Rückgriffen auf übersinnliche Erfahrungen und Praktiken im zweiten Text eine anthropologische und historische Fundierung zu geben.

Scheinbar weit entfernt von der Sprachtheorie, handeln die Texte zunächst von Beziehungen der Ähnlichkeit zwischen Natur und Mensch. Benjamin betont, dass Ähnlichkeiten nicht nur vorhanden sind und erkannt werden können, sondern dass der Mensch sie vor allem – wie kein anderes Lebewesen – aktiv produziere. Der Mensch übt mithilfe seines mimetischen Vermögens eine Praxis des Ähnlichmachens aus. Die natürlichen Korrespondenzen fungieren dabei als »Stimulantien und Erwecker jenes mimetischen Vermögens [...], welches im Menschen ihnen Antwort gibt« (II, 205). Als ein Beispiel nennt Benjamin Tänze, die eine Ähnlichkeit mit dem Dargestellten aufweisen sollen, sodass sie sich zum Beispiel mimetisch zu einer Sternenkonstellation verhalten.

Das mimetische Vermögen hat zunächst eine geschichtliche Dimension, und zwar eine stammesgeschichtliche (phylogenetische) und eine individualgeschichtliche (ontogenetische). Es führt außerdem eine bewusste und eine unbewusste Seite mit sich. Bewusst und rational angeleitet kommt es nur in den selteneren Fällen vor. Benjamin nennt die Wahrnehmung von physiognomischen Ähnlichkeiten, etwa in Gesichtern, als ein Beispiel. Auch Praktiken der Kunstproduktion, in denen etwa das Naturschöne vergegenwärtigt wird, wären hier anzuführen. Doch wichtig für Benjamin – und vielleicht etwas verwirrend – ist seine Einschätzung, die bewusst wahrgenommenen Ähnlichkeiten seien »verglichen mit den unzählig vielen unbewußt oder auch garnicht wahrgenommenen Ähnlichkeiten wie der gewaltige unterseeische Block des Eisbergs im Vergleich zur kleinen Spitze, welche man aus dem Wasser ragen sieht« (II, 205). Wir setzen Ähnlichkeiten voraus, reagieren auf sie und produzieren sie sogar – und zwar unter Umgehung des Bewusstseins. Diese These hat weitreichende Folgen. Sie zeigt den Menschen eingebunden in einen Zusammenhang von Korrespondenzen, den er nicht beherrscht, den er aber aktiv und passiv mit reproduziert. Plastisch nachvollziehbar wird dies an der ontogenetischen Dimension; im Spiel ahmt das Kind die Welt nach und produziert dabei Ähnlichkeiten. Der Rückgriff auf das Kinderspiel zeigt, in welchem Maße das unbewusst tätige mimetische Vermögen auch in dem von der Psychoanalyse entzifferten Bereich des individuellen Unbewussten verankert ist.

Doch Benjamin konzipiert auch eine weit zurückreichende, phylogenetische Spur des Sich-Ähnlich-Machens. Er nimmt einen längst vergangenen Zustand an, in dem das Magische einen anderen Stellenwert hatte als in der Moderne, den wir »heute nicht einmal zu ahnen fähig sind« (II, 206). Magische Korrespondenzerfahrungen bestimmten diesen Zustand, beispielsweise die unterstellte Ähnlichkeit von Himmelserscheinungen und irdischen Geschicken.[18] Mit ihr war die Astrologie befasst, etwa indem sie Horoskope erstellte. Auch das Orakel und andere Praktiken der Weissagung und Hellsicht gehören dazu. Himmelsvorgänge wurden als nachahmbar, also kommensurabel gedacht und in die Praxis menschlichen Handelns mit einbezogen. In der modernen, entzauberten Welt fehlt diese Dimension keineswegs, die Benjamin insbesondere im Surrealismus produktiv aufgehoben sieht.

Bei allen diesen Bezugnahmen auf das Okkulte muss aber deutlich gesagt werden, dass Benjamin alles andere als ein Esoteriker ist. Ihm geht es vielmehr um die Durchdringung von noch unerklärten Erfahrungen. Im Surrealismus-Essay stellt er sein Verhältnis zu den übersinnlichen Phänomenen klar: »Jede ernsthafte Ergründung der okkulten, sürrealistischen, phantasmagorischen Gaben und Phänomene hat eine dialektische Verschränkung zur Voraussetzung [...]. Es bringt uns nämlich nicht weiter, die rätselhafte Seite am Rätselhaften pathetisch oder fanatisch zu unterstreichen; vielmehr durchdringen wir das Geheimnis nur in dem Grade, als wir es im Alltäglichen wiederfinden, kraft einer dialektischen Optik, die das Alltägliche als undurchdringlich, das Undurchdringliche als alltäglich erkennt [...].« (II, 307) Die magisch-mimetischen Praktiken, in denen sinnliche Ähnlichkeiten produziert wurden, traten in der Menschheitsgeschichte immer weiter zurück – die Merkwelt des modernen Menschen sei anders beschaffen als die des Primitiven. Benjamin fragt nun, »ob es sich um ein Absterben des mimetischen Vermögens oder aber vielleicht um eine mit ihm stattgehabte Verwandlung handelt« (II, 206). Mit der Antwort stellt er den Zusammenhang zur Theorie der Sprache her. Seine zentrale These lautet nämlich, dass »jene mimetische Begabung, die einst das Fundament der okkulten Praxis gewesen ist, in Schrift und Sprache ihren Eingang fand« (II, 213). Nur herrsche hier keine sinnliche Ähnlichkeit mehr vor, sondern unsinnliche. Damit grenzt er sich von zwei konkurrierenden Sprachauffassungen ab. Einerseits verwirft er die onomatopoetische, die besagt, dass die Lautgestalt der Wörter sowie das Schriftbild der Buchstaben aus der Imitation der Dinge hervorgegangen seien. Denn bei der Vielzahl der Benennungen in den verschiedenen Sprachen zerrinnt das einheitlich-lautmalerische Moment, das in ihnen nach dieser Theorie vorhanden sein soll, gleichsam zwischen den Fingern.

Andererseits lehnt Benjamin abermals die Auffassung der Sprache als eines verabredeten Systems von Zeichen ab. Zwischen beiden Theorien schlägt er dann eine Brücke, indem er eine Verbindung der Zeichen zu den Dingen unterstellt, die aber sinnlich kaum mehr erfahrbar und deshalb auch nur noch selten rekonstruierbar sei. Von der onomatopoetischen Auffassung der Sprache bleibt die Überzeugung, dass es ein Band zwischen den Dingen und den Worten gegeben haben müsse, das untergründig weiter bestehe. Benjamin bezeichnet deshalb Sprache und Schrift als »ein Archiv unsinnlicher Ähnlichkeiten« (II, 208). Der Begriff der unsinnlichen Ähnlichkeit eröffnet vor allem eine Perspektive, auf die sich die Aufmerksamkeit der Sprachtheorie konzentrieren soll: wieder zielt Benjamin auf jene wirksamen, aber kaum bewussten Phänomene, die er mit dem Begriff der Sprachmagie bezeichnet hatte.

Auch führt er eine neue Terminologie ein, indem er das, was er zuvor die Mitteilung genannt hat, als das Semiotische[19] anspricht: »Diese [...] magische Seite der Sprache wie der Schrift läuft aber nicht beziehungslos neben der andern, der semiotischen, einher. Alles Mimetische der Sprache ist vielmehr eine fundierte Intention, die überhaupt nur an etwas Fremdem, eben dem Semiotischen, Mitteilenden der Sprache als ihrem Fundus in Erscheinung treten kann [...].« (II, 208) Erst inmitten des konkreten Sprachmaterials taucht das Mimetische auf. Deshalb der hohe Stellenwert, den Benjamin in seinem Werk der Philologie einräumt, denn sie ist es, die sich unter den Wissenschaften am intensivsten in das Sprachmaterial versenkt. Wo sich am Semiotischen das Mimetische zu erkennen gibt, geschieht das in einem bestimmten zeitlichen Modus. Es handelt sich um einen schmalen Zeitkorridor, »in welchem Ähnlichkeiten, flüchtig und um sogleich wieder zu versinken, aus dem Fluß der Dinge hervorblitzen« (II, 209). Nur in bestimmten Konstellationen wechseln sie in das Stadium ihrer »Lesbarkeit« (V, 577) hinüber.

Damit ist angezeigt, dass Benjamins Überlegungen zum mimetischen Vermögen zugleich eine Theorie des Lesens beinhalten.[20] Für grundfalsch hält er die Auffassung vom Lesen als einer passiven, rein reproduktiven Tätigkeit. Vielmehr wirken in ihm zu gleichen Teilen reproduktive und produktive Elemente. Denn einerseits gelangt etwas zur Lesbarkeit, womit die Bedingung der Möglichkeit eröffnet wird, es überhaupt wahrzunehmen; andererseits verwandelt der Lesende sich die Sinneseindrücke an, die in die eigenen kategorialen Register transponiert werden müssen, um verarbeitet werden zu können. Wahrnehmen einer Ähnlichkeit heißt deshalb zugleich Produzieren einer Ähnlichkeit. In der Schrift liegt zwar etwas verborgen, doch anders als in der Anamnesis der platonischen Lehre vollzieht die Lektüre kein Wiedererkennen eines verborgenen Urbildes. Vielmehr wirkt in ihrem Zentrum ein Akt der Übersetzung. Wie hier findet auch dort eine Ergänzung statt, sodass subjektive und objektive Momente untrennbar miteinander verwoben sind. Lesende holen aus einem Text also nicht nur heraus, was jemand anders einst hineingeschrieben hat. Vielmehr versehen sie ihn zugleich mit einer neuen Ausdeutung. Dadurch verändert sich die Rezeption des Textes und gewissermaßen auch er selbst. Es ist fruchtlos, ihn abstrakt als immer gleiche, nicht aktualisierte Entität zu behandeln. Benjamin jedenfalls denkt Text und Lektüre immer zusammen, weil Texte nur dann in der Überlieferung fortleben, wenn sie in Lektüren aktualisiert werden.

Einige Stücke aus der *Berliner Kindheit* lassen sich als Beispiele dafür lesen, wie das mimetische Vermögen Ähnlichkeiten produziert. In den »Mummerehlen« entzündet sich die kindliche Fantasie an einem sprachlichen Phänomen: »In einem alten Kinderverse kommt die Muhme Rehlen vor. Weil mir nun ›Muhme‹ nichts sagte, wurde dies Geschöpf für mich zu einem Geist: der Mummerehlen. Das Mißverstehen verstellte mir die Welt. Jedoch auf gute Art; es wies die Wege, die in ihr Inneres führten.« (IV, 260 f.) Das Kind entziffert weder den Sinn noch die Intention des Mitgeteilten. Vielmehr legt es sich eine eigene Ausdeutung zurecht. Diese verstellt zwar den sinnhaften, semiotischen Zugang zur Welt, eröffnet aber einen anderen, den mimetischen. So wird die Welt *ver*stellt und *ent*stellt – entstellt zur Ähnlichkeit. Benjamin beharrt auf der Mehrdeutigkeit des Wortes »Entstellung«; es enthält das Freimachende, Neuartige ebenso wie die Deformation. Kaum verwunderlich also, dass ein Abschnitt der *Berliner Kindheit* »dem Urbilde der Entstellung, dem Buckligen« (II, 431), gewidmet ist.

Das mimetische Vermögen produziert Entstellungen in dem bezeichneten Doppelsinn. Und der Kindheit kommt deshalb so großes Gewicht zu, weil in ihr die magischen Bestandteile der Sprache eine beträchtliche Auswirkung für das Weltverstehen haben, während die Erwachsenen im Zeichen der Informationsübermittlung längst gelernt haben, Missverständnisse zu minimieren. So nimmt in Benjamins Erinnerungen an die Kindheit die Vergegenwärtigung des frühen Umgangs mit der Sprache eine zentrale Stelle ein. In ihnen ist die Erfahrung einer bestimmten Lektüre aufbewahrt. Begrifflich schlägt sie sich nieder, indem er – analog zur Unterscheidung des Semiotischen vom Magischen in der Sprache – in Bezug auf die Lektüre eine Duplizität von profanem und magischem Lesen einführt. In einer früheren Phase der Menschheitsentwicklung habe das magische Lesen vorgeherrscht: »der Astrolog liest den Gestirnstand von den Sternen am Himmel ab; er liest zugleich aus ihm die Zukunft oder das Geschick heraus« (II, 209). Solches »Herauslesen aus Sternen, Eingeweiden, Zufällen« (II, 209) sei mittlerweile überwunden.

Doch die Pointe von Benjamins Theorie der Lektüre liegt darin, dass die magischen Bestandteile des Lesens – das er einen eminent telepathischen Vorgang (vgl. II, 307) nennt – in veränderter Gestalt noch heute wirksam sind.

In einer viel diskutierten Passage schreibt er, die Sprache sei »die höchste Verwendung des mimetischen Vermögens: ein Medium, in das ohne Rest die frühern Merkfähigkeiten für das Ähnliche so eingegangen seien, daß nun sie das Medium darstellt, in dem sich die Dinge nicht mehr direkt wie früher in dem Geist des Sehers oder Priesters sondern in ihren Essenzen, flüchtigsten und feinsten Substanzen, ja Aromen begegnen und zu einander in Beziehung treten. Mit andern Worten: Schrift und Sprache sind es, an die die Hellsicht ihre alten Kräfte im Laufe der Geschichte abgetreten hat [...].« (II, 209) In der zweiten Fassung notiert er dann, in das Medium der Sprache seien »die früheren Kräfte mimetischer Hervorbringung und Auffassung hineingewandert [...], bis sie so weit gelangten, die der Magie zu liquidieren« (II, 213). Nun wurde darüber diskutiert, ob diese »Liquidation« so zu verstehen wäre, dass die Magie aus der Sprache und der Lektüre verschwunden sei. Dem wurde plausibel entgegengehalten, dass sie nur ihre Form geändert habe, indem sie zwar als eigenständiges Medium einer irrationalen Weltsicht ausgedient hat, aber als Transformierte in die Funktionsweise der Sprache selbst eingewandert ist.[21] So haftet am Semiotischen der Sprache bis heute das Magische. Deshalb kommt keine profane Lektüre ohne magische Elemente aus. Sprache, die zu wesentlichen Teilen unsere Auffassung von der Welt mitproduziert, kann nicht in die Ratio aufgelöst, sondern muss in ihrer Medialität erfahren werden.

In vielen seiner Werke kommt Benjamin auf sprachtheoretische Fragen zurück, etwa mit den Reflexionen über den Zusammenhang von Reim, Name und Zitat in dem Essay *Karl Kraus* (II, 334-367) – um nur ein Beispiel zu nennen. Bis zuletzt steht die Auseinandersetzung mit der Sprache im Zentrum seines Denkens. In dem Sammelreferat *Probleme der Sprachsoziologie* von 1935 (III, 452-480) eignet er sich die neuesten Forschungen produktiv an. Sprachtheologische Spekulationen sind hier vollständig zurückgedrängt. Unter Rückgriff auf ethnologische (Lévy-Bruhl), systematisch-sprachtheoretische (Bühler), entwicklungspsychologische (Piaget) und -geschichtliche (Wygotski) sowie andere Forschungen[22] differenziert Benjamin die materialistischen Elemente seiner Sprachtheorie weiter aus. Die Sammelrezension endet dort, wo die Sprachstudien von 1933 einsetzen: beim mimetischen Vermögen, mit dem »die Schwelle einer Sprachphysiognomik beschritten« (III, 478) ist, für die im Referat die Namen Heinz Werner und Rudolf Leonhard stehen. Mit dieser Orientierung verwirft Benjamin jene Auffassungen, die die intentionale Übermittlung von Sinn und Bedeutung durch die Sprache hervorheben. Sein Verständnis von der Sprache führt ihn vielmehr dazu, jeweils an den konkreten Sprachgestalten den Niederschlag des mimetischen Vermögens zu entziffern – jenes Vermögens, sich ähnlich zu machen und Ähnlichkeiten zu produzieren.

Scholem und die Theologie

Der konkrete Anlass für die Niederschrift des Sprachaufsatzes von 1916 war der Dialog Benjamins mit dem fünf Jahre jüngeren Gerhard Scholem.[23] Sie lernten sich 1915 kennen und blieben bis zu Benjamins Tod in enger theoretischer und freundschaftlicher Verbindung miteinander. Wenn Benjamins Denken sich immer wieder in dem spannungsreichen Netz der Auseinandersetzungen mit Menschen bildete, die er persönlich kannte, so nahm Scholem die Stellung desjenigen ein, der ihm die jüdisch-theologischen Theoreme ins Gedächtnis rief und sie namentlich gegen Benjamins wachsende Sympathien für den Marxismus verteidigte.[24]

Scholem lernte schon früh Hebräisch und konzentrierte sich, nachdem er mit dem Studium der Mathematik begonnen hatte, ganz auf die Judaistik. Als Spezialist für die Geschichte der jüdischen Mystik, insbesondere der Kabbala, erarbeitete er sich einen ausgezeichneten Ruf. 1923 siedelte er nach Palästina über und lehrte in Jerusalem an der neu gegründeten Hebräischen Universität. Bis zu seinem Tod 1982 machte er sich vielfach um Benjamins Werk verdient. Neben den Tätigkeiten als Herausgeber von Benjamins Schriften und Briefen legte er seine Erinnerungen an den Freund vor und verfasste auch interpretierende Arbeiten über dessen Werk.[25] Dass Benjamin zu Scholem eine besonders enge Beziehung pflegte, zeigt nicht nur der Briefwechsel, sondern auch die Tatsache, dass Scholem ein Archiv mit den Arbeiten Benjamins anlegte, welches dieser kontinuierlich mit den neuen Produktionen bestückte.

Kaum jemand kannte Benjamins Werk zu dessen Lebzeiten so gut wie Scholem – auf der anderen Seite beeinflussten Scholems Arbeiten auch Benjamin, der ihn häufig als seinen Ratgeber in allen Fragen jüdischer Theologie und Religionsgeschichte konsultierte.[26] So schöpfte Benjamin – um ein Beispiel zu nennen – einen wichtigen Teil seines Wissens über das Verhältnis von Halacha und Haggadah (vgl. II, 420) aus einem von Scholem 1919 ins Deutsche übertragenen Aufsatz, auf den er noch in den Dreißigerjahren im Kafka-Essay zurückgriff. Das Beispiel verweist auf das Fortwirken theologischer Motive in Benjamins Spätwerk; es berührt damit die umstrittene Frage nach den Brüchen und Kontinuitäten in seinem Denken. Ließ Benjamin Mitte der Zwanzigerjahre die theologisch-metaphysische Ausrichtung seiner frühen Schriften hinter sich und konvertierte zum Marxismus? Scholem selbst warf es ihm in einem »scharfen Frontalangriff«[27] vor und verurteilte vehement den Einfluss, den Brecht seit 1929 auf ihn hatte.

Benjamin wies die Eindimensionalität jeder Festlegung zurück, die den Marxismus zu seinem »Credo« erhebe. In einem Briefentwurf an Scholem aus dem Mai 1934 sagt er, es sei ein widerspruchsvolles und bewegtes Ganzes, das seine Überzeugungen ausmache. (Vgl. BSB, 138) Materialismus und Messianismus sind in seinem Denken unmittelbar aufeinander bezogen. Wie dieses Denken zur Theologie steht, hat er im *Passagen-Werk* in ein – mittlerweile berühmtes – Bild gefasst: »Mein Denken verhält sich zur Theologie wie das Löschblatt zur Tinte. Es ist ganz von ihr vollgesogen. Ginge es aber nach dem Löschblatt, so würde nichts was geschrieben ist, übrig bleiben [...].« (V, 588) Wie in der Sprachtheorie göttliches Wort und adamitischer Name für Benjamin denknotwendige Kategorien sind, da sie die innere Zusammengehörigkeit der Sprachen beglaubigen, so verzichtet er auch in anderen Theoriefeldern nicht auf den Bezug zur Theologie. Im Frühwerk kommt dieser offen, im Spätwerk meist als negativer, verdeckter zum Tragen. Doch bleibt er durch das gesamte Werk hindurch erhalten. Charakteristisch für die Funktion der Theologie in Benjamins Denken ist, dass er sie immer wieder auf materialistische, die menschlichen Lebensverhältnisse betreffende Faktoren bezieht. Schon im *Theologisch-politischen Fragment* aus den frühen Zwanzigerjahren heißt es:

»Die Ordnung des Profanen hat sich aufzurichten an der Idee des Glücks. [...] Wenn eine Pfeilrichtung das Ziel, in welchem die Dynamis des Profanen wirkt, bezeichnet, eine andere die Richtung der messianischen Intensität, so strebt freilich das Glückssuchen der freien Menschheit von jener messianischen Richtung fort, aber wie eine Kraft durch ihren Weg eine andere auf entgegengesetzt gerichtetem Wege zu befördern vermag, so auch die profane Ordnung des Profanen das Kommen des messianischen Reiches. [...] Denn im Glück erstrebt alles Irdische seinen Untergang, nur im Glück aber ist ihm der Untergang zu finden bestimmt [...].« (II, 203 f.)

Visiert Benjamin hier – schlicht, aber weitreichend – das Glück der Menschheit an, so parallelisiert er in den Dreißigerjahren den messianischen Zustand mit der klassenlosen Gesellschaft.[28] Beide

Male verknüpft er die ganz lebenspraktische, materialistische Verwirklichung eines besseren Zustands mit der heilsgeschichtlichen Spekulation. Immer aber distanziert er sich dabei von dem Heraufbeschwören und Ausmalen des vollkommenen Zustands, der als Ziel des geschichtlichen Prozesses erstrebt werden solle oder der als transzendenter im Jenseits winke. Vertröstungen sind nicht Benjamins Sache. Für ihn birgt vielmehr jeder Augenblick die Möglichkeit eines Umschlagens ins Heil. In der konkreten Situation des Jetzt wird dies jeweils entschieden, nicht in einer abstrakten Zukunft. Als eine notwendige Bedingung des Umschlags gibt Benjamin an, dass das menschliche Handeln in eine günstige Konstellation mit Kräften kommen müsse, die das Handeln nicht selbst herbeiführen und beherrschen kann. Den metaphysischen Gedanken, dass etwas zum Handeln hinzutreten müsse, damit sich ein nachhaltiger Umschwung der Lebensverhältnisse vollziehen könne, lässt Benjamin sich auch im Spätwerk nicht abhandeln. Er begründet den messianischen Einschlag in seinem Denken. Bereits im *Theologisch-politischen Fragment* hat er formuliert: »Erst der Messias selbst vollendet alles historische Geschehen, und zwar in dem Sinne, daß er dessen Beziehung auf das Messianische selbst erst erlöst, vollendet, schafft. Darum kann nichts Historisches von sich aus sich auf Messianisches beziehen wollen [...].« (II, 203)

Und in seinem letzten Text, *Über den Begriff der Geschichte* von 1940, greift er auf diese gedankliche Figur mehrfach zurück.[29] Das Kommen des Messias werde nicht dort vorbereitet, wo das Bild einer herzustellenden Zukunft dominiere. Hilfreich sei vielmehr die Vergegenwärtigung der Vergangenheit und ihrer unabgegoltenen Momente. Erst durch das Eingedenken werde jede Sekunde zur kleinen Pforte, durch die der Messias treten könne. (Vgl. I, 704) Ähnliche Wendungen finden sich auch im Text über Jochmann, dessen Seherblick sich an den Geistesgrößen der Vergangenheit entzünde (vgl. II, 577 f.), und im Essay über Kafka, wo das Studium der Vergangenheit die messianische Umkehr vorbereitet.[30]

Immer wieder verquickt Benjamin in diesen gedanklichen Figuren das materialistische mit dem messianisch-theologischen Moment. 1940 hat er deren Verhältnis in ein vielschichtiges Denkbild gefasst:

»Bekanntlich soll es einen Automaten gegeben haben, der so konstruiert gewesen sei, daß er jeden Zug eines Schachspielers mit einem Gegenzuge erwidert habe, der ihm den Gewinn der Partie sicherte. Eine Puppe [...] saß vor dem Brett, das auf einem geräumigen Tisch aufruhte. Durch ein System von Spiegeln wurde die Illusion erweckt, dieser Tisch sei von allen Seiten durchsichtig. In Wahrheit saß ein buckliger Zwerg darin, der ein Meister im Schachspiel war und die Hand der Puppe an Schnüren lenkte. Zu dieser Apparatur kann man sich ein Gegenstück in der Philosophie vorstellen. Gewinnen soll immer die Puppe, die man ›historischen Materialismus‹ nennt. Sie kann es ohne weiteres mit jedem aufnehmen, wenn sie die Theologie in ihren Dienst nimmt, die heute bekanntlich klein und häßlich ist und sich ohnehin nicht darf blicken lassen [...].« (I, 693)

Ohne den theologischen Glutkern – wie Adorno es ausdrückte (vgl. ABB, 143) – verlöre der Materialismus seine Hauptantriebskraft. In Benjamins Bild verbürgt der Zwerg das Lebendige am Kampf des Materialismus, der ohne die Theologie zur seelen- und gedankenlosen Maschinerie verkäme. So aber gehen Technik, Wissen und Wollen eine schlagkräftige Verbindung ein. Die Theologie erstrahlt dabei keineswegs in neuem Glanz, kann sie doch den erwünschten Effekt nur erzielen, sofern sie im Verborgenen wirkt. Der Zwerg darf nicht wachsen; er würde sonst in den Apparat nicht hineinpassen. Die Theologie erfährt also eine Anverwandlung an die neuen, nachmetaphysischen Spielregeln. Verkrüppelt, klein und unsichtbar: nur so entwickelt sie ihre volle

Wirksamkeit. Die Partie aber wird im Namen des historischen Materialismus gespielt, der das Erlösungsbegehren säkularisiert und in Dienst genommen hat.

Wiederum ist es mit dem Buckligen ein Entstellter, der im Zeichen des Materialismus den Sieg erringen und die Welt zurechtrücken möchte. Benjamin spinnt das Denkbild in mehreren seiner späten Texte aus. So schreibt er im Kafka-Essay anlässlich des »bucklicht Männleins« aus dem Volkslied: »Dies Männlein ist der Insasse des entstellten Lebens; es wird verschwinden, wenn der Messias kommt, von dem ein großer Rabbi gesagt hat, daß er nicht mit Gewalt die Welt verändern wolle, sondern nur um ein Geringes sie zurechtstellen werde.« (II, 432) Dieser Gedanke von einem zurechtstellenden Ruck, der jederzeit erfolgen könne und der die Welt in einen grundsätzlich anderen Zustand versetzen werde, bezeugt die Wirksamkeit des jüdischen Messianismus in Benjamins Denken. Das Zeitmaß der Augenblicklichkeit und der Plötzlichkeit dieses Umschlags sowie die Qualität seiner Vollständigkeit heben dieses diskontinuierliche Geschehen von anderen religiösen Modellen ab, etwa von dem christlichen.[31] Dass der Messias schon erschienen sein könnte, eine neue Zeitrechnung schon begründet sei und die frohe Botschaft in einem kontinuierlichen Prozess der Missionierung und Vergrößerung der Kirche in die ganze Welt hinausgetragen werden müsse – diese heilsgeschichtliche Vorstellungswelt, in der Heil und Unheil koexistieren, ist Benjamin von Grund auf fremd. Statt das Heil zu propagieren, wendet er sich den Katastrophen und Entstellungen zu, die die Menschen betreffen. Erst diese Blickführung gibt in der Negation ihren Widerpart frei. So auch im letzten Satz seines Wahlverwandtschaften-Aufsatzes. Er lautet: »Nur um der Hoffnungslosen willen ist uns die Hoffnung gegeben [...].« (I, 201)

3. Ästhetik

Als Benjamin nach Abschluss der Dissertation nicht dem Wunsch seines Vaters nachkam, sich eine finanziell lukrative Karriere aufzubauen, entzog ihm dieser die Unterstützung. Seither musste Benjamin sich den Lebensunterhalt selbst verdienen. Neben seinen wissenschaftlichen Studien verfasste er deshalb immer häufiger Auftragsproduktionen verschiedenster Art. Vor allem arbeitete er als Literaturkritiker, später auch als Übersetzer und als Hörfunkautor. In den frühen Zwanzigerjahren übersetzte er die *Tableaux parisiens* von Baudelaire, die 1923 erschienen, später einige Bände von Prousts *Recherche*. 1921 plante er eine kulturtheoretische Zeitschrift mit dem Titel *Angelus Novus*, die der Verlag dann aber nicht realisierte. Der Titel korrespondiert mit einem gleichnamigen Aquarell von Paul Klee, das Benjamin 1921 kaufte. Es sollte in seinem Werk noch eine bedeutsame Rolle spielen.

Zu seinen engsten Vertrauten, denen er jene Arbeiten zu lesen gab, die nicht zur Publikation bestimmt waren, gehörten in den frühen Zwanzigerjahren neben Gershom Scholem auch Alfred Cohn, Werner Kraft und Ernst Schoen. 1924 lernte er durch seinen Aufsatz über *Goethes Wahlverwandtschaften* den von ihm verehrten Hugo von Hofmannsthal kennen. In diesen Jahren beschäftigte Benjamin seine Qualifikation zum Hochschullehrer. Das zu bearbeitende Thema, die deutsche Barockliteratur, wurde ihm von der Universität nahe gelegt; er bezog es kongenial auf die ihn umtreibenden Fragen. Dabei ging er von der klassisch-romantischen Periode, insbesondere von Goethes kunsttheoretischen Reflexionen aus. Intensiv korrespondierte er dabei mit Florens Christian Rang[32], dessen früher Tod ihn schmerzlich traf. Mit ihm, schrieb er an Scholem, habe das Trauerspiel-Buch »seinen eigentlichen Leser verloren« (GB III, 16). Goethe, die Frühromantik, aber auch die antike Tragödie gingen in die Arbeit gleichsam als eine Folie ein, die Benjamin in bestimmten Hinsichten nutzte, auf der er aber mit dem barocken Trauerspiel vor allem ein Gegenbild entwarf, das in vielen Aspekten in eine aufregende Konstellation zur Moderne trat.

1924 schrieb Benjamin große Teile der Habilitationsschrift auf Capri nieder. Bevor er sie 1925 schließlich in Frankfurt am Main einreichte, hatten sich anvisierte Möglichkeiten zur Habilitation in Bern und Heidelberg zerschlagen. Seine Fürsprecher in Frankfurt waren vor allem sein Großonkel, der ehemalige Rektor Arthur Moritz Schoenflies, sowie Gottfried Salomon-Delatour, mit dem er einen bis heute erhaltenen Briefwechsel führte. In diesem sind die Einzelheiten des Habilitationsverfahrens aufgezeichnet.[33] Die Habilitation wurde von Beginn an hintertrieben, vor allem von Hans Schultz und Hans Cornelius, Adornos Doktorvater, der in seinem Gutachten Benjamins unverständliche Ausdrucksweise anprangerte, die doch wohl als Zeichen sachlicher Unklarheit zu deuten sei.[34] Daraufhin zog Benjamin den Antrag zurück; seine akademische Karriere war beendet.

Kritik

Zählt Benjamins Werk zur Kritischen Theorie? – Ohne über seine Zugehörigkeit zur Frankfurter Schule um Max Horkheimer zu entscheiden und ohne den Schulbegriff Kritischer Theorie hier klären zu können, muss doch zumindest festgehalten werden, dass sowohl der Begriff der Kritik als auch das Selbstverständnis als Kritiker im Zentrum von Benjamins philosophischer Praxis stehen. Im Spätwerk knüpft er an Marx' Variante der Kritik an; wegbereitend für sein Selbstverständnis wurde aber zunächst die Beschäftigung mit Friedrich Schlegel und der Frühromantik, denn bei ihnen fand Benjamin einen ausgearbeiteten Begriff der Kunstkritik vor. Und als Kritiken in diesem Sinne, nicht als wissenschaftliche Studien oder als Rezensionen, wollte er die meisten seiner Arbeiten verstanden wissen.[35]

In der Dissertation *Der Begriff der Kunstkritik in der deutschen Romantik* (1919; I, 7-122) bestimmt Benjamin zuerst die erkenntnistheoretischen Grundlagen der Frühromantik, indem er zeigt, wie diese den Begriff der Reflexion vom frühen Fichte übernimmt und für die Ästhetik fruchtbar macht. Bei Fichte fallen Denken und Reflexion in eins; reflexives Denken und unmittelbare Erkenntnis bedingen einander wechselseitig. Reflexion vollzieht sich in Formen, wobei jede Reflexion eine Umformung der Ausgangsform mit sich bringt. Dieses Umformen kann tendenziell bis ins Unendliche fortgesetzt werden. Auf dieses Verständnis von der Form sowie die Auffassungen von der Unmittelbarkeit der Erkenntnis und der Unendlichkeit der Reflexion greifen die Romantiker zurück, wobei die Unendlichkeit für sie weniger eine Unendlichkeit des Fortschreitens – der Progredibilität – ist als vielmehr die Unendlichkeit möglicher Wechselbeziehungen der Reflexion.

Ein Unterschied zu Fichte liegt darin, dass für diesen die Reflexion nur im Ich stattfinden kann, während die Frühromantiker sie ins Selbst verlegen. Damit umfasst jener Zusammenhang von Wechselbeziehungen, den die Reflexion stiftet, nicht nur die menschlichen oder die belebten Iche, sondern jedes Selbst in der Natur. In der Reflexion steht alles mit allem im Austausch. Deshalb kann Benjamin sagen: »Die Reflexion konstituiert das Absolute, und sie konstituiert es als ein Medium [...].« (I, 37) Mit dem von ihm eingeführten Begriff des Reflexionsmediums bezeichnet er die Einheit von Reflexion und Medialität. Damit verschwindet der Gegensatz von Subjekt und Objekt, denn der frühromantische Idealismus macht geltend: »Der Gegenstand, wie alles Wirkliche, liegt im Reflexionsmedium [...].« (I, 54) Erkennen und Wahrnehmen gehen ineinander über; Erkenntnis wird zur Selbsterkenntnis – zur Selbsterkenntnis zweier Wesen im Spiegel des anderen. Benjamin erläutert:

»Demnach ist alles, was sich dem Menschen als sein Erkennen von einem Wesen darstellt, in ihm der Reflex der Selbsterkenntnis des Denkens in demselbigen. Ein bloßes Erkanntwerden eines Dinges gibt es also nicht, ebensowenig aber ist das Ding oder Wesen beschränkt auf ein bloßes durch sich allein Erkanntwerden. Die Steigerung der Reflexion in ihm hebt vielmehr die Grenze zwischen dem durch sich selbst und durch ein anderes Erkanntwerden in dem Dinge auf und im Medium der Reflexion gehen das Ding und das erkennende Wesen ineinander über. Beides sind nur relative Reflexionseinheiten. Es gibt also in der Tat keine Erkenntnis eines Objekts durch ein Subjekt [...].« (I, 57 f.)

Wie in Benjamins Sprachtheorie nimmt der Begriff des Mediums auch in der Rekonstruktion des romantischen Begriffs der Kritik eine Schlüsselposition ein. Und wie Benjamin dort die stumme Sprache der Dinge mit in den weiten Sprachbegriff hineinnimmt, so integriert er in den des Reflexionsmediums die gesamte Schöpfung – einschließlich der unbelebten Natur. Der Begriff des Reflexionsmediums bildet die Scharnierstelle, von der aus Benjamin Schlegels Begriff der Kunstkritik rekonstruiert. Denn »im frühromantischen Sinne ist der Mittelpunkt der Reflexion die Kunst, nicht das Ich« (I, 39). Sie wird zum wichtigsten Reflexionsmedium. In diesem finden sich die Werke, aber auch ihre Kritik. Denn im Erkennen der Werke vollzieht sich durch die Kritik die geschilderte Wechselwirkung; die Kritik eignet sich das Werk an und ergänzt es im Sinne der Steigerung seiner Reflexivität. Damit sind zwei Grundsätze der frühromantischen Kunstkritik angesprochen, ihre Positivität und ihre immanente Ausrichtung.

Die Kunstkritik der Frühromantik verfährt positiv, indem sie Implikationen, die im Werk selbst angelegt sind, aus ihm hervortreibt. Dazu setzt sie es einer kritischen Versuchsanordnung aus, die diese Potenzen aktualisieren soll: »Das Subjekt der Reflexion ist im Grunde das Kunstgebilde selbst, und das Experiment besteht nicht in der Reflexion *über* ein Gebilde, welche dieses nicht [...] wesentlich alterieren könnte, sondern in der Entfaltung der Reflexion, d.h. für den Romantiker: des Geistes, *in* einem Gebilde. Sofern Kritik Erkenntnis des Kunstwerks ist, ist sie dessen Selbsterkenntnis; sofern sie es beurteilt, geschieht es in dessen Selbstbeurteilung [...].« (I, 65 f.) Kritik regt an. Und weil Werk und Kritik in einem Wechselverhältnis stehen, formt sie das Werk gewissermaßen in der Rezeption um. Sie potenziert dessen Selbstreflexivität, oder um das berühmte 116. Athenäums-Fragment zu zitieren, sie romantisiert es. Indem sie das im Werk Angelegte hervortreibt, arbeitet sie an dessen Vervollständigung. Diese wäre allerdings erst abgeschlossen, wenn sämtliche Anlagen aller möglichen Wechselbeziehungen realisiert wären, also im Absoluten: »Kritik ist [...] in ihrer zentralen Absicht nicht Beurteilung, sondern einerseits Vollendung, Ergänzung, Systematisierung des Werkes, andrerseits seine Auflösung im Absoluten [...].« (I, 78) Damit ist ein idealer Endpunkt gesetzt, an dem gemessen jedes Werk defizitär bleibt und deshalb einem unablässigen Prozess der vervollständigenden Umformung ausgesetzt werden muss. De facto gelangt die romantische Kritik an kein Ende.

Das immanente Vorgehen der romantischen Kritik nennt Benjamin einen Kardinalgrundsatz: »Kritik des Werkes ist [...] seine Reflexion, welche selbstverständlich nur den ihm immanenten Keim derselben zur Entfaltung bringen kann [...].« (I, 78) Kritik geht vom Werk aus, sie bezieht sich auf das, was in ihm gestaltet ist. Als ein großes Verdienst Schlegels nennt Benjamin deshalb die Abwendung vom Autor und dessen Subjektivität und die Abwendung von der Regelpoetik vorangegangener Zeiten. Nicht mehr die Autorintention oder einzelne, zum Muster erhobene Werke taugen zur Beurteilung, sondern die Form rückt ins Zentrum. Nur nach den Maßstäben, die in den Bewegungs- und Gestaltungsgesetzen des Werks selbst liegen, soll dieses beurteilt werden. Schlegel macht Ernst mit der Autonomie der Kunst.

Dass auch Benjamin dem Grundsatz der immanenten Kritik folgt, verdeutlicht seine programmatische *Ankündigung der Zeitschrift: Angelus Novus* (II, 241-246). Dort macht er sich unter Rückgriff auf die Romantik zunächst ausdrücklich die positive Kritik zu Eigen. Deren Sache sei es, »unter gänzlicher Nichtachtung des Publikums« (II, 241), »die Beschränkung auf das einzelne Kunstwerk zu üben. Denn die große Kritik hat nicht [...] durch geschichtliche Darstellung zu unterrichten oder durch Vergleiche zu bilden, sondern durch Versenkung zu erkennen [...].« (II, 242)

Der geforderten Immanenz der Kritik ist Benjamin in zahlreichen Auseinandersetzungen mit einzelnen Werken und Autoren selbst immer wieder gefolgt. Im Frühwerk steht hierfür exemplarisch seine Schrift über *Goethes Wahlverwandtschaften* (I, 123-201). Aber auch seine späteren Essays – etwa über Proust, Kafka, Baudelaire – gehen meist von den je besonderen Gesetzen der einzelnen Werke aus. Allerdings fällt sein Begriff der Kritik nicht mit dem der Frühromantik zusammen. Schon in der Ankündigung des *Angelus Novus* fügt er an, dass die Kritik »von der Wahrheit der Werke [...] Rechenschaft zu geben« (II, 242) habe. Damit überschreitet er den romantischen Begriff der Kritik. Zweifellos hat er sich Teile desselben zu Eigen gemacht, doch vollständig übernommen hat er ihn nicht. Vielmehr treten andere Akzente hinzu, die er im Wahlverwandtschaften-Essay sowie im Trauerspiel-Buch ausarbeitet.

Schon im Schlussabschnitt der Dissertation mobilisiert er mit Goethe eine der Romantik entgegengesetzte Position. Die romantische Idee der Kunst definiert Benjamin als das Reflexionsmedium der Formen. Diese sind dort stufenlos, in einem Kontinuum, angeordnet. Gegen diese Auffassung steht Goethes Kunsttheorie, der vom Ideal der Kunst ausgeht, welches eine Vielzahl von reinen Inhalten beherbergt. Goethe spricht hier von Urbildern und Urphänomenen. Es handelt sich um in sich abgeschlossene, distinkte Gehalte, die deshalb nicht in einem Kontinuum aufgehen. Solche Gehalte werden bei den Romantikern sofort verflüssigt. Bei Goethe öffnet sich dagegen mit der Differenz zwischen Urbild und Werkgestalt ein Spielraum für eine andere Praxis der Kritik. Während im Sinne der Romantik lediglich eine vollendende, positive Kritik möglich ist, tritt nun ein urteilendes Element hervor, das auch eine negative, verwerfende Kritik erlaubt. Für Benjamin gewinnt diese Seite der Kritik zunehmend an Gewicht.

Allerdings lässt sich seine Position auch nicht auf diejenige Goethes verrechnen. Denn dieser interpretiert die Urbilder zu sehr als Vorbilder – etwa die griechischen Werke als Vorbilder für die Kunst seiner Zeit –, während Benjamin den Gehalt eines Werkes nicht als einen vorab gegebenen, sondern als einen mit dem Werk selbst erst auftauchenden versteht. Die Urbilder können nicht wahrgenommen, sie müssen aus den Werken herausgelesen beziehungsweise in ihnen konstruiert werden: Sie »liegen der Kunst nicht vor, sie stehen in ihr« (I, 148), formuliert er. Und in dem frühen Essay *Zwei Gedichte von Friedrich Hölderlin* (1915; II, 105-126) prägt er den Begriff des Gedichteten, mit dem er die Gleichursprünglichkeit beider Momente, der Anschauung und des Geistes, fasst[36]: »Das Gedichtete ist in seiner allgemeinen Form synthetische Einheit der geistigen und anschaulichen Ordnung. Diese Einheit erhält ihre besondere Gestalt als innere Form der besonderen Schöpfung [...].« (II, 106) Diese innere Form, der Gehalt, kann gegen die empirische, wahrnehmbare Gestalt des Werkes akzentuiert werden. Sie bildet eine – für jedes Werk eigens zu erarbeitende – Grundlage, auf der die Kritik an ihm formuliert werden kann.

Im Wahlverwandtschaften-Essay entwickelt Benjamin den Gedanken mit der Unterscheidung zwischen Sach- und Wahrheitsgehalt weiter: »Die Kritik sucht den Wahrheitsgehalt eines Kunstwerks, der Kommentar seinen Sachgehalt. Das Verhältnis der beiden bestimmt jenes Grundgesetz des Schrifttums, demzufolge der Wahrheitsgehalt eines Werkes, je bedeutender es ist, desto unscheinbarer und inniger an seinen Sachgehalt gebunden ist [...].« (I, 125) Der Kommentar setzt an der Werkgestalt an und legt ihr immanentes Funktionsgeflecht frei. Bei älteren Werken rekonstruiert er die mittlerweile vergessenen Bezüge zur einstigen Lebenswelt. Die Kritik arbeitet ebenfalls inmitten des Sachgehalts, jedoch ist sie anders ausgerichtet, indem sie die philosophischen Probleme fokussiert, die jedes einzelne Werk aufruft. Sie liest ein Werk, als sei durch seine je eigene Gestalt eine »virtuelle Formulierbarkeit seines Wahrheitsgehalts« (I, 173) gegeben. Die Aufgabe des Kritikers liegt nun darin, das Problem zu identifizieren und die im Sachgehalt gebundene Gestalt der Wahrheit in die Formulierbarkeit zu überführen. Dabei kann der Wahrheitsgehalt nicht vom Sachgehalt isoliert, sondern er muss *in ihm* entwickelt werden. Aus der Form des empirischen Werks kann der Wahrheitsgehalt als ihr Ideal erschlossen werden, durch welches wiederum ein kritisches Potenzial gegenüber der empirischen Gestalt des Werks entsteht.

Verkompliziert wird das Verhältnis von Sach- und Wahrheitsgehalt, indem es geschichtlichen Wandlungen unterworfen ist. Benjamin bedenkt die historische Relation zwischen dem Werk und dem rezipierenden Publikum mit. So sind uns heute die Texte

Kafkas näher als die Trauerspiele aus dem Barock, weil uns die Lebenswelt des 17. Jahrhunderts fremd geworden ist. In diesem Fall »tritt der Erscheinung nach Sachgehalt und Wahrheitsgehalt, in der Frühzeit des Werkes geeint, auseinander mit seiner Dauer, weil der letzte immer gleich verborgen sich hält, wenn der erste hervordringt. Mehr und mehr wird für jeden späteren Kritiker die Deutung des Auffallenden und Befremdenden, des Sachgehaltes, demnach zur Vorbedingung [...].« (I, 125) Dieser Kritiker kann aber, weil beide Gehalte sich voneinander entfernt haben, ein schärferes Urteil über die Bedeutung und die Größe, über die Dauer und die Klassizität eines Werkes abgeben: »In diesem Sinne bereitet die Geschichte der Werke ihre Kritik vor und daher vermehrt die historische Distanz deren Gewalt [...].« (I, 125 f.)

Den Gedanken von der Historizität der Werke und der Kritik wendet Benjamin in seiner Habilitationsschrift *Ursprung des deutschen Trauerspiels* (1928; I, 203-430) auf die barocken Dramen an: »Es ist der Gegenstand der philosophischen Kritik zu erweisen, daß die Funktion der Kunstform eben dies ist: historische Sachgehalte, wie sie jedem bedeutenden Werk zugrunde liegen, zu philosophischen Wahrheitsgehalten zu machen. Diese Umbildung der Sachgehalte zum Wahrheitsgehalt macht den Verfall der Wirkung in dem von Jahrzehnt zu Jahrzehnt das Ansprechende der früheren Reize sich mindert, zum Grund einer Neugeburt, in welcher alle ephemere Schönheit vollends dahinfällt und das Werk als Ruine sich behauptet [...].« (I, 358)

Damit ist das Gegenteil der romantischen Auffassung von einer belebenden Kritik erreicht.[37] Wo die Sachgehalte gleichsam gealtert und abgestorben sind, fasst der Wahrheitsgehalt nur noch das Gerippe. In diesem Sinne ist Benjamins berühmte Formulierung zu verstehen: »Kritik ist Mortifikation der Werke [...].« (I, 357) Dass die Barockliteratur diesem Prozess mit ihrer Verwendung der Allegorie Vorschub leistet, sei an dieser Stelle nur erwähnt. Den negativen Aspekt treibt Benjamin in einigen Aphorismen über die zeitgenössische Kritik auf die Spitze, etwa wenn er schreibt: »Nur wer vernichten kann, kann kritisieren« (IV, 108) oder: »Die vernichtende Kritik muß sich ihr gutes Gewissen wieder erobern [...].« (VI, 161) Hier spielt die Kritik zum richtenden Wort und zur Polemik hinüber, denen Benjamin in seinem Essay über *Karl Kraus* (1931; II, 334-367) nachgeht.

Festgehalten werden muss also: Wie vielfältig die Erscheinungsformen des Begriffs der Kritik bei Benjamin sein mögen, immer bleibt er bezogen auf den Wahrheitsgehalt der Werke, also auf die Erkenntnis jener spezifischen Phänomene, die sich in je eigentümlicher Weise in den Kunstwerken geltend machen. Kritik und Erkenntnis konvergieren.

Symbol und Allegorie

Mit der Reflexion auf die Formen des Symbols und der Allegorie, die hier exemplarisch rekonstruiert werden sollen, setzt Benjamin die Praxis der Kunstkritik am Material fort. Nach seinem Verständnis verkörpern das Symbolische und das Allegorische zwei »Ausdrucksformen« (I, 337) der Kunst, mit denen bestimmte Möglichkeiten und Gefahren verbunden sind. Einem Grundsatz seiner kritischen Verfahrensweise folgend, führt er die Begriffe des Symbols und der Allegorie nicht abstrakt, also axiomatisch oder systematisch-deduzierend ein, sondern er entfaltet sie inmitten jener Kunstwerke, in denen sie eine Rolle spielen. Für das Symbolische handelt es sich vor allem um Goethes *Wahlverwandtschaften*, das Allegorische entwickelt er am barocken Trauerspiel und an Baudelaires Lyrik.

Hinsichtlich des Symbols trennt Benjamin den theologischen Gebrauch entschieden vom ästhetischen ab. Gerade die Vermischung beider Sphären habe zu einer Subreption – einer Erschleichung – geführt, mit der das ästhetische Symbol die Bestimmungen des theologischen für sich reklamiert habe. Im theologischen Symbol, das er durchaus gelten lässt, sei »die Einheit von sinnlichem und übersinnlichem Gegenstand« paradox gegeben. Dieses habe die Ästhetik verzerrend in eine »Beziehung von Erscheinung und Wesen« überführt: »dieser Mißbrauch findet [...] statt, wo im Kunstwerk die ›Erscheinung‹ einer ›Idee‹ als ›Symbol‹ angesprochen wird« (I, 336). Benjamin setzt diese Substantive übrigens in Anführungszeichen, weil er in der Vorrede zum Trauerspiel-Buch eine eigene Ideenlehre entwickelt hat, deren Begriffsbestimmungen sich von den hier gegebenen unterscheiden. Wichtig ist ihm die Kritik an einem bestimmten Gebrauch des Symbolischen, und zwar dort, wo die Kunst beansprucht: »Als symbolisches Gebilde soll das Schöne bruchlos ins Göttliche übergehen [...].« (I, 337) Das sei in der Romantik der Fall, die er deshalb an dieser Stelle weit heftiger kritisiert als in der Dissertation. Gemäß der romantischen Auffassung erfasse das Göttliche auch das Individuum. In Bezug auf die vervollständigende, auf das Absolute ausgerichtete Stoßrichtung dieses Konzepts vom Individuum formuliert er: »Typisch romantisch ist [...] die Einstellung dieses vollendeten Individuums in einen zwar unendlichen doch heilsgeschichtlichen, ja heiligen Verlauf [...].« (I, 337)

Gegen solche Tendenzen mobilisiert Benjamin den Gebrauch des Symbols bei Goethe. Zunächst scheint es so auszusehen, als stehe das Symbol hier in einem mythischen Kontext und bezeuge die Schicksalsverfallenheit der handelnden Figuren. In diesem Schema könnte die Handlung der *Wahlverwandtschaften* interpretiert werden. Bekanntlich gerät hier die Institution der Ehe unter Druck, indem ein munterer Partnertausch stattfindet. Der endet allerdings tödlich, nicht glücklich. Der Tod Ottilies würde dann symbolisch als Opfer gedeutet werden, das die Übertretung der überlieferten Gebote mythisch ausgleicht. Benjamin gesteht die Anwesenheit einer mythischen Schicht in dem Roman zu, aber er beansprucht für Goethes Schreibweise, dass dieser die Kraft des Mythos aufrufe, um sie schließlich zurückzuweisen.

Die Gefahr, die der Kunst durch eine bestimmte Praxis des Symbolischen droht, ist ihre Auflösung in den Mythos. Wenn die Werke suggerieren, ihre symbolische Schicht habe teil an der Wahrheit, wenn also der schöne Schein als Präsenz des Wesens ausgestellt wird – wie in der theologischen Sphäre das Brot als der Leib Christi –, dann wird der Kunst ihre kritische Funktion genommen. Politisch tendiert sie dann zur Affirmation des Bestehenden, künstlerisch führt sie in den Ästhetizismus. Benjamin liest die *Wahlverwandtschaften* so, dass Goethe dieser Gefahr entgegengetreten sei und im Symbolischen dessen Beschränkung mitgedacht habe. Die Immanenz des Symbolischen wird durch den Einbruch außerkünstlerischer Gewalten in das Werk durchbrochen. Damit schränkt das Werk selbst den Geltungsbereich des Symbolischen ein.

Was dem Schein »Einhalt gebietet [...] und der Harmonie ins Wort fällt ist das Ausdruckslose« (I, 181). Benjamin fasst es auch mit dem hölderlinschen Terminus der Zäsur, mit dem ein Geschehen innerhalb des Verses – »die gegenrhythmische Unterbrechung« (I, 181) – bezeichnet ist, dessen Implikationen aber weit darüber hinaus reichen. Letztlich ist ein im Medium des ästhetischen Scheins gelegenes, gegen diesen selbst wirkendes Prinzip gemeint: »Das Ausdruckslose ist die kritische Gewalt, welche Schein vom Wesen in der Kunst zwar zu trennen nicht vermag, aber ihnen verwehrt, sich zu mischen [...].« (I, 181)

Neben der Kritik, die damit den Werken selbst eingesenkt ist, muss noch ein zweites Prinzip erwähnt werden, das in die Form einwandert: die Geschichte. Das Ereignis- und Geschichtshafte dieses Einbruchs von außerhalb des Werkes in es selbst widerstreitet dem Mythos. Deshalb grenzt Benjamin die Form des goetheschen Romans von der Beschwörung ab. Auch Goethes Verwendung des Symbolischen partizipiert – wie alle Kunst – am ästhetischen Schein und teilt dessen vergegenwärtigenden Charakter. Doch bei Goethe ruht das Symbol nicht in sich selbst. So fällt nach Benjamin der ästhetische Schein nicht mit der Schönheit zusammen. Fiele beides in eins, so wäre auch die in der Kunst dargestellte Idee der Versöhnung, die der Schein der Schönheit mit aufruft, mit einer Hypothek belegt. Ihr könnte entgegengehalten werden, dass sie nur als schöner Schein existiere und damit mythischen Wesens sei. Nach Benjamin zeigt sich die Schönheit aber im ästhetischen Schein niemals selbst, sondern im gleichen Maße, wie sie in ihm zur Geltung kommt, wird sie von ihm auch verhüllt. Nur sofern dieses Moment der Negativität gegeben ist, kann die Schönheit erscheinen. In den *Wahlverwandtschaften* geschieht dies im Verlöschen, das zu Ottilies Schönheit gehört; erst im Untergang, im Tod, zeigt sich diese.

Mit der Kritik am mythischen Gebrauch des Symbols verzichtet Benjamin aber keineswegs auf die Idee der Versöhnung. Wie die Schönheit sich nur als verhüllte zeigt, so tritt die Versöhnung als verpasste auf. Dafür steht das »Symbol des über die Liebenden« – Ottilie und Eduard – »herabfahrenden Sterns« (I, 200). Benjamin interpretiert: »Jener Satz, der [...] die Cäsur des Werkes enthält und in dem, da die Umschlungenen ihr Ende besiegeln, alles inne hält, lautet: ›Die Hoffnung fuhr wie ein Stern, der vom Himmel fällt, über ihre Häupter weg‹. Sie gewahren sie freilich nicht und nicht deutlicher konnte gesagt werden, daß die letzte Hoffnung niemals dem eine ist, der sie hegt, sondern jenen allein, für die sie gehegt wird.« (I, 199 f.)

Nicht an die Figuren heftet sich die Hoffnung, sondern an die mit der Instanz des Erzählers verbundene Darstellung im Werk. Die Versöhnung wird nur in der Negation aufgerufen; sie liegt in der Form gebunden. Mit dem negativen Moment im Schönen aber markiert Benjamin dessen Übergang zum Erhabenen. Es betrifft bei Goethe auch das Symbol: »Im Ausdruckslosen erscheint die erhabne Gewalt des Wahren [...]. Dieses nämlich zerschlägt [...] die falsche, irrende Totalität – die absolute. Dieses erst vollendet das Werk, welches es zum Stückwerk zerschlägt, zum Fragmente der wahren Welt, zum Torso eines Symbols [...].« (I, 181) Recht verstanden wendet sich Benjamin also keineswegs – wie häufig unterstellt – vom Symbolischen ab. Nur dessen unkritischen, mythischen Gebrauch verwirft er.

Zweifellos aber ist seine Reflexion auf die andere Ausdrucksform der Kunst, die Allegorie, folgenreicher gewesen. Mit dem *Ursprung des deutschen Trauerspiels* nimmt er eine Rehabilitierung der Allegorie vor, die in den Fachwissenschaften Spuren hinterlassen hat. Benjamin hat die Qualitäten der Allegorie wieder zugänglich gemacht.[38] Dabei musste er gegen das aus Klassik und Romantik überlieferte Vorurteil anschreiben. Gerade der Klassizismus des 18. Jahrhunderts akzentuierte seine Auffassung vom »plastischen Symbol« (I, 341) als Kampfansage gegen die barocke Allegorie und darüber hinaus gegen die gesamte barocke Literatur des 17. Jahrhunderts. Benjamin nimmt jedoch in Anspruch, dass »die Allegorie, sowenig wie viele andere Ausdrucksformen, [...] durch ›Veralten‹ nicht schlechtweg um ihre Bedeutung gekommen« (I, 337) sei. Den Beweis dafür tritt er in der Folge überzeugend an.

Wie zuvor in Bezug auf das Symbol grenzt er sich zunächst von einem gängigen Begriff der Allegorie ab, und zwar von der Annahme vieler Theoretiker und Künstler, die »Allegorie sei ein konventionelles Verhältnis zwischen einem bezeichnenden Bilde und seiner Bedeutung« (I, 339). Als ein Beispiel aus der Sphäre des Rechts könnte hierfür Justitia, die Frauenfigur mit Schwert, Waage und verbundenen Augen, angeführt werden, die für die Idee der Gerechtigkeit steht. Dagegen hebt Benjamin noch einmal hervor, dass er die Allegorie auch als Ausdrucksform verstanden wissen möchte; sie sei »beides, Konvention und Ausdruck«, nämlich »Ausdruck der Konvention« (I, 351). Zeiten und Autoren, die sich der Allegorie bedienen, entwerfen eine Welt, in der der Zusammenhang von Bezeichnendem und Bezeichnetem ungewiss geworden ist. Selbst das Verständnis von der Allegorie als einer konventionalisierten Bezeichnung unterstellt, dass auch eine andere Bezeichnung für das Bedeutete hätte gewählt werden können. Sind im Symbol Zeichen und Bedeutung ineinander verschränkt, so treten sie in der Allegorie auseinander. Zwischen ihnen herrscht eine willkürliche Beziehung, keine notwendige. Damit ist der »Abgrund der Allegorie« »zwischen bildlichem Sein und Bedeuten« (I, 342) bezeichnet, auf den es Benjamin ankommt: »Jede Person, jedwedes Ding, jedes Verhältnis kann ein beliebiges anderes bedeuten [...].« (I, 350)

Einer solchen »allegorischen Betrachtung« (I, 343) der Welt ist die Präsenz des Sinns problematisch geworden. Dies betrifft zunächst den Glauben, denn nach Reformation, Gegenreformation und dem Gemetzel des Dreißigjährigen Krieges war die mittelalterliche Glaubenssicherheit stark erschüttert worden. Wo Sinn und Bedeutung nicht als geoffenbarte wahrgenommen werden, wo sie sich also nicht wie naturgegeben von sich aus zeigen, dort fällt die Weltdeutung den Menschen als Aufgabe zu. Ist der Gegenstand unfähig, einen Sinn auszustrahlen, kommt ihm an Bedeutung das zu, »was der Allegoriker ihm verleiht. Er legt's in ihn hinein [...].« (I, 359) Diese Bedeutungsproduktion fand im 17. Jahrhundert vor dem Hintergrund der intensivierten naturwissenschaftlichen und rationalistischen Erfassung der Welt statt. An diese wurden immer neue Deutungen herangetragen, an denen im Lichte der theologischen Sicht zugleich der Zweifel haftete, ob sie die treffenden seien. Die Unsicherheit trieb neue Deutungen hervor, wodurch die Bedeutungsproduktion selbst ins Zwielicht geraten musste. Der allegorischen Ansiedlung des Wissens in den Gegenständen steht deshalb eine Sinnentleerung der Welt gegenüber.

Benjamin hat diese Haltung mit der Figur des Melancholikers veranschaulicht[39], der sich aus der Welt des Leidens schwermütig in die Kontemplation zurückzieht und unablässig deutet, um des göttlichen Sinns doch noch teilhaftig zu werden: »Die Melancholie verrät die Welt um des Wissens willen. Aber ihre ausdauernde Versunkenheit nimmt die toten Dinge in ihre Kontemplation auf, um sie zu retten [...].« (I, 334) Die Rettungsbedürftigkeit der Welt, das Rettungsbegehren des Allegorikers und die unerreichte Sinngebung treten in der Allegorie zu einem spezifischen Ausdruck zusammen, der sich vom Symbolischen abhebt: »Unter der entscheidenden Kategorie der Zeit [...] läßt das Verhältnis von Symbol und Allegorie [...] sich festlegen. Während im Symbol mit der Verklärung des Unterganges das transfigurierte Antlitz der Natur im Lichte der Erlösung flüchtig sich offenbart, liegt in der Allegorie die facies hippocratica der Geschichte als erstarrte Urlandschaft dem Betrachter vor Augen. Die Geschichte in allem was sie Unzeitiges, Leidvolles, Verfehltes von Beginn an hat, prägt sich in einem Antlitz – nein in einem Totenkopfe aus [...].« (I, 342 f.)

Während die Schönheit im verklärten Untergang einen Moment lang den Sinnzusammenhang herstellt, signalisieren das Sterbegesicht und der Totenkopf die beständige Abwesenheit des Heils. Alle Dinge und alle Zeichen geraten in den Bann dieser Heillosigkeit. Sie erscheinen im Lichte des Mangels, verlieren ihre Substanz und werden entwertet. Benjamin situiert das barocke Trauerspiel innerhalb dieser Dynamik. Es vollzieht die Bedeutungsaufladung ebenso wie die Bedeutungsentleerung. In ihm erscheint die Welt als ein Zeichen- und Verweisungszusammenhang, dem der Makel des Willkürlichen anhaftet.[40] Dies sei durchaus intendiert – und wenn uns die barocken Trauerspiele heute überholt vorkommen, so stellt Benjamin die These auf, sie seien »von Anbeginn auf jene kritische Zersetzung angelegt, die der Verlauf der Zeit an ihnen übte« (I, 357). Sie klagten die Kritik geradezu ein, denn »Kritik ist Mortifikation der Werke. Dem kommt das Wesen dieser mehr als jeder andern Produktion entgegen. Mortifikation der Werke: nicht also – romantisch – Erweckung des Bewußtseins in den lebendigen, sondern Ansiedlung des Wissens, in ihnen, den abgestorbenen [...].« (I, 357) Abgestorben ist im barocken Trauerspiel der schöne Schein, »was dauert, ist das seltsame Detail der allegorischen Verweisungen: ein Gegenstand des Wissens, der in den durchdachten Trümmerbauten nistet« (I, 357).

Das Einzelne öffnet sich nicht der Totalität, sondern es wird kenntlich als versprengtes Teil von etwas, das noch nicht rekonstruiert wurde. Die Konstruktionsversuche mithilfe der Bedeutungsaufladung, also der Ansiedlung des Wissens in den Einzelphänomenen, werden als ungenügend vorgeführt. Das zieht weitere, ständig erneuerte Deutungsanstrengungen herbei, die denselben Mangel mit sich führen und damit ins Leere laufen. Wird das Symbol von der Gefahr des Rückfalls ins Mythische heimgesucht, wogegen die Allegorie ein »Antidoton« (I, 671) bereitstellt, so droht der Allegorie »der Abgrund des bodenlosen Tiefsinns« (I, 404).

Die Abwesenheit der Totalität, die theologisch als Gottesferne betrauert wird, erscheint unter einem anderen Gesichtspunkt als Entlastung oder sogar als Freisetzung. Denn die Möglichkeit, alles mit allem zu kombinieren und bedeutungsvolle Verbindungen aufzurichten, setzt Kreativität frei. Diese macht sich auch in der Praxis der Lektüre geltend. Der allegorische Tiefblick verwandelt, so Benjamin, Dinge und Werke mit einem Schlag in erregende Schrift (vgl. I, 352) – eine Schrift übrigens, die zum Bild drängt. Der »Schriftcharakter der Allegorie« (I, 359) ist ein weiteres Merkmal, das sie von der lebendigen Präsenz des Symbols unterscheidet. Denn lange wurde die Schrift mit Erstarrung und Tod identifiziert, während der Laut Leben und Präsenz verbürgte.[42] Wenn

Benjamin Allegorie und Schrift als Ausdrucksformen liest, so unterläuft er diese überkommenen Ansichten.

Mitte der Dreißigerjahre beschäftigte sich Benjamin intensiv mit dem Werk von Charles Baudelaire und griff dabei die Kategorie der Allegorie erneut auf.[43] Wiederum rekonstruiert er sie inmitten einer bestimmten historischen Situation. Für das Zeitalter des entwickelten Kapitalismus streicht er – neben weiteren Implikationen – besonders ihren Zusammenhang mit der Warenform heraus: »Die allegorische Anschauungsweise ist immer auf einer entwerteten Erscheinungswelt aufgebaut. Die spezifische Entwertung der Dingwelt, die in der Ware darliegt, ist das Fundament der allegorischen Intention bei Baudelaire [...].« (I, 1151)

Die Immanenz der allegorischen Welt wird nun durch die Ware gewährleistet, denn alles, was irgend gebraucht wird, kann getauscht und damit zur Ware werden. Als Waren sind die Dinge miteinander vergleichbar und verrechenbar geworden. Auf diese Nivellierung des Besonderen im Warenkosmos zielt Benjamin, wenn er formuliert: »Die Entwertung der Dingwelt in der Allegorie wird innerhalb der Dingwelt selbst durch die Ware überboten [...].« (I, 660) Indem Baudelaire einzelne Dinge isoliert, entreißt er sie für einen Moment der gleichmacherischen Warenform. Das verdeutlicht Benjamin an dessen Umgang mit der Sprache. Die im Französischen unübliche Großschreibung einzelner Substantive hebt diese aus dem Sprachstrom heraus. »Plötzlich und durch nichts vorbereitet« (I, 603) erscheint dann eine Allegorie inmitten des geläufigen Alltagsvokabulars. Nutzt Baudelaire hier die poetische Isolierung und den Aufeinanderprall zweier Register, so setzt er die Allegorie auch als »Überblendung« (I, 591) ein, indem er etwa die alltäglichen Großstadtphänomene auf Motive aus der Antike bezieht und sie auf diese Art ihrem üblichen Bedeutungsumfeld entzieht. Bedauernd registriert Benjamin allerdings auch, dass Baudelaires allegorischer Blick nicht auf die revolutionäre Sprengung des Systems der Warenproduktion zielt: »Der destruktive Impuls Baudelaires ist nirgends an der Abschaffung dessen interessiert, was ihm verfällt. Das kommt in der Allegorie zum Ausdruck und das macht die regressive Tendenz in ihr aus. Auf der andern Seite aber hat die Allegorie es, eben in ihrem destruktiven Furor, mit der Austreibung des Scheins zu tun [...]. Und das ist die progressive Tendenz der Allegorie [...].« (V, 417)

An einer Figur betreiben Baudelaire und Benjamin die Durchbrechung des Scheins, den die Ware durch den von Marx so genannten Fetischcharakter mit sich führt, besonders nachdrücklich: der zur Ware gewordenen Frau, der Prostituierten. Sie ist »Verkörperung der Ware« und »menschgewordene Allegorie«: »Der Fetisch ist das Echtheitssiegel der Ware, wie das Emblem das Echtheitssiegel der Allegorie. Im entseelten, doch der Lust noch zu Diensten stehenden Leib vermählen sich Allegorie und Ware [...].« (I, 1151) Im Bild der Dirne verschwimmen die progressiven und die regressiven Tendenzen der Allegorie. Einerseits zeigt diese Figur im Extrem, welche menschenverachtenden Implikationen der kapitalistischen Warenwirtschaft innewohnen, indem die Warenform sowohl den Körper als auch die auf ihn gerichteten Fantasien kolonialisiert.[43] Andererseits rückt auch die Hure in den nivellierenden Warenkosmos hinein, der in Baudelaires Lyrik als sprachlicher erscheint. Die widerstreitenden Tendenzen hat Benjamin komprimiert mit einem Fragment bezeichnet: »Die gegenständliche Umwelt des Menschen nimmt immer rücksichtsloser den Ausdruck der Ware an. Gleichzeitig geht die Reklame daran, den Warencharakter der Dinge zu überblenden. Der trügerischen Verklärung der Warenwelt widersetzt sich ihre Entstellung ins Allegorische. Die Ware sucht sich selbst ins Gesicht zu sehen. Ihre Menschwerdung feiert sie in der Hure [...].« (I, 671)

Darstellung

Wenn es eine erkenntnistheoretische Hauptschrift Benjamins gibt, so ist es die *Erkenntniskritische Vorrede* zum Trauerspiel-Buch (I, 207-237). Hier hat er zentrale Begriffe – wie »Idee«, »Ursprung«, »Monade« – entfaltet, die schon in vorangegangenen Werken eine Rolle gespielt haben und die auch für die späteren prägend werden sollten. Die *Vorrede* stellt deshalb gewissermaßen den Hauptknotenpunkt zwischen Früh- und Spätwerk dar.

Auf ein herausragendes Kennzeichen seines Denkens kommt er schon im ersten Satz zu sprechen: »Es ist dem philosophischen Schrifttum eigen, mit jeder Wendung von neuem vor der Frage der Darstellung zu stehen [...].« (I, 207) Für Benjamin lässt sich die Erkenntnis eines Phänomens nicht von der Art der Reflexion auf es ablösen. Was oben für die Kritik gesagt wurde, gilt auch für das Vorgehen im Trauerspiel-Buch: Jeder Gegenstand präformiert die Reflexion auf ihn, denn diese muss die in ihm gelegenen Differenzierungen berücksichtigen. Zwar determiniert der Gegenstand das Denken nicht, aber andererseits kann es auch eine Erkenntnis des Gegenstands, die an ihm abgleitet, nicht geben.

Benjamin entwickelt in der *Vorrede* das komplizierte Verhältnis verschiedener Termini zueinander. Die Phänomene und deren Elemente bezeichnen vorgegebene Gegenstände – hier vor allem die Kunstwerke. Aus ihnen können mithilfe der Darstellung ihre Ideen gewonnen werden. Wie sehr sich Benjamin auf Kosten der frühromantischen Position inzwischen derjenigen Goethes angenähert hat, zeigt sich daran, dass er mit der Idee das goethesche Ideal meint. (Vgl. I, 215)[44] Er übernimmt also die Vorstellung von einer »diskontinuierlichen Struktur der Ideenwelt« (I, 213) sowie jene von der Eigenwertigkeit und der relativen Abgeschlossenheit jeder Idee. Mit seiner Abhandlung beansprucht er die Idee des barocken Trauerspiels darzustellen. Während Benjamin die Ideen als

»ein Vorgegebenes« (I, 210) denkt, entspringen die Begriffe aus der Spontaneität des Verstandes. Entscheidend an dem Verhältnis von Phänomenen, Ideen und Begriffen ist nun, dass es subjektive *und* objektive Momente umfasst. Sein Denken darf deshalb nicht der Ontologie oder der Theologie zugeschlagen werden. Ebenso wenig koinzidiert es mit einem losgelassenen Subjektivismus. Vielmehr durchdringen sich in ihm immer wieder die subjektiven Vermögen mit Einflüssen, die dem Subjekt vorausgehen.

Nach dem Modell des Verhältnisses von Sach- und Wahrheitsgehalt bildet Benjamin dasjenige von Begriff und Idee. Erst in der Darstellung tritt die Idee hervor. Dafür benötigt sie aber die Begriffe. Mittels der kritischen Begriffsarbeit an den Phänomenen kommt die Idee zur Darstellung. Benjamin fasst das Verhältnis von Phänomen, Idee und Begriff folgendermaßen: »Die Phänomene gehen [...] nicht integral in ihrem rohen empirischen Bestande, dem der Schein sich beimischt, sondern in ihren Elementen allein, gerettet, in das Reich der Ideen ein. Ihrer falschen Einheit entäußern sie sich, um aufgeteilt an der echten der Wahrheit teilzuhaben. In dieser ihrer Aufteilung unterstehen die Phänomene den Begriffen. Die sind es, welche an den Dingen die Lösung in die Elemente vollziehen. [...] Durch ihre Vermittlerrolle leihen die Begriffe den Phänomenen Anteil am Sein der Ideen [...].« (I, 213 f.)

Im Prozess des Analysierens und Interpretierens zerlegen die Begriffe die Phänomene. Diese Arbeit findet am Material, am Sachgehalt, in der Empirie statt. Durch die streng immanente Ausrichtung auf die Eigengesetzlichkeiten des Sachgehalts gewinnt die Kunstphilosophie eine weitere Dimension hinzu: die Ideen zeigen sich und öffnen einen Zugang zur Wahrheit. Entscheidend für Benjamins Denken ist nun, dass der Philosoph beides nicht herbeizwingen kann. Die Ideen entziehen sich der subjektiven Verfügbarkeit. Und Wahrheit darf nicht – intentional – als Enthüllung, sondern soll im Sinne einer Offenbarung verstanden werden. »Der Gegenstand der Erkenntnis als ein in der Begriffsintention bestimmter ist nicht die Wahrheit. Die Wahrheit ist ein aus Ideen gebildetes intentionsloses Sein. Das ihr gemäße Verhalten ist demnach nicht ein Meinen im Erkennen, sondern ein in sie Eingehen und Verschwinden. Die Wahrheit ist der Tod der Intention [...].« (I, 216) Solche Aussagen bezeichnen das objektivistische, essenzialistische Extrem in Benjamins Philosophie. Zu bedenken bleibt aber auch hier, dass diese Formulierungen in einem Zusammenhang mit der tätigen Subjektivität stehen. Nur durch die unablässige Begriffsarbeit zeigen sich ja die Ideen und die Wahrheit. Andererseits liegt das Pathos dieser Philosophie in jenem Überschuss, der das Erkennen über die reine Anhäufung von Unterscheidungen in einen transsubjektiven Bereich hinaushebt. Das Ziel der Begriffsarbeit fasst Benjamin mit einer Prägung, die das wechselseitige Verhältnis von subjektiven und objektiven Anteilen ausdrückt, indem er von objektiver Interpretation spricht. In der Idee »ruht prästabiliert die Repräsentation der Phänomene als in deren objektiver Interpretation. [...] so könnte [...] die reale Welt in dem Sinne Aufgabe sein, daß es gelte, derart tief in alles Wirkliche zu dringen, daß eine objektive Interpretation der Welt sich drin erschlösse [...].« (I, 228)

Das Eindringen ins Wirkliche aber ist die Sache der Begriffe. Und mit ihrer Entwicklung verbindet sich Benjamins Verständnis sowohl von Darstellung als auch von Methode. Er setzt voraus, dass die Begriffe die Phänomene nicht vollständig wiedergeben können. Dies würde zu einer endlosen Aufzählung und damit in die schlechte Unendlichkeit führen. Deshalb soll sich die Zerteilung der Phänomene an deren Extremen ausrichten. Extrem ist das Besondere als »das Einmalig-Extreme« (I, 215). Deshalb kann es als Grenz- und Differenzbestimmung dienen.[45] Das Versammeln der Extreme in der Begriffsarbeit bringt die Idee zur Darstellung. Daher muss in Bezug auf das Versammeln der Extreme

Vollständigkeit eingefordert werden: »Die Darstellung einer Idee kann unter keinen Umständen als geglückt betrachtet werden, solange virtuell der Kreis der in ihr möglichen Extreme nicht abgeschritten ist [...].« (I, 227) Das von Benjamin hier nahe gelegte methodologische Prinzip des Abschreitens der Extreme hat er im Trauerspiel-Buch sowie in zahlreichen seiner Essays selbst umgesetzt. Seine Arbeiten sind nicht deduktiv oder vergleichend aufgebaut. Sie verfolgen nicht eine Argumentation von A bis Z, sondern schreiten den Kreis der Besonderheiten ab und zeichnen auf diese Weise eine Figur nach. In den Ideen komme »nicht das Gleichartige zur Deckung, wohl aber das Extreme zur Synthese« (I, 221). Benjamin prägt hierfür die Begriffe der Konfiguration und der Konstellation: »Der Stab von Begriffen, welcher dem Darstellen einer Idee dient, vergegenwärtigt sie als Konfiguration von jenen [...].« (I, 214) Weil in jedem Werk andere Besonderheiten vorliegen, führt jede Untersuchung eine eigene Terminologie ein, die somit gerade keine Metasprache darstellt, oder wertet die bestehende im Lichte des Gegenstandes um. Scholem formuliert treffend: »Jede seiner Arbeiten beschreibt gleichsam eine ganze Philosophie ihres Gegenstandes [...].«[46] Deshalb berücksichtigt Benjamin in der Auseinandersetzung mit dem barocken Trauerspiel zum Beispiel die sonst so abfällig bewertete Allegorie an hervorgehobener Stelle.

Und weil jeder Begriff neu, aus dem Material entwickelt sein will, entsteht der Rhythmus eines dauernden Neuansetzens, der die Versenkung in das Werk strukturiert. Benjamin wählt dafür den Begriff des Traktats; einmal spricht er auch vom »esoterischen Essay« (I, 207).[47] Jedenfalls handelt es sich um Formen, die sich von der didaktischen Vermittlung einer vorab feststehenden Lehre abheben, da dieses Vorab gar nicht gegeben ist. Erst mit der Darstellung werden die Ideen lesbar und die Phänomene dergestalt gerettet. Über die Traktate scheibt er: »Darstellung ist der Inbegriff ihrer Methode. Methode ist Umweg. Darstellung als Umweg – das ist denn der methodische Charakter des Traktats. Verzicht auf den unabgesetzten Lauf der Intention ist sein erstes Kennzeichen. Ausdauernd hebt das Denken stets von neuem an, umständlich geht es auf die Sache selbst zurück. Dies unablässige Atemholen ist die eigenste Daseinsform der Kontemplation [...].« (I, 208)

Ist das Abschreiten der Extreme vollzogen und gleichsam der Kreis geschlossen, so verbindet sich im Medium der Begriffe das Phänomen mit der Idee wie Sterne mit ihrem Sternbild. Die verschiedenen Ebenen erscheinen zusammen, sodass nun ein symbolisches Moment in Funktion tritt. Wie zuvor im Wahlverwandtschaften-Essay handelt es sich aber um ein Symbol, dem etwas Unzugängliches, etwas Inkommensurables, mitgegeben ist. Dieses tritt in der Sprache hervor. Ein weiteres Mal thematisiert Benjamin damit die konstitutive Sprachlichkeit seiner Philosophie und knüpft an die frühen Arbeiten zur Sprachtheorie an.

Im folgenden Zitat zeichnet sich außerdem schon die spätere Unterscheidung zwischen dem Semiotischen und dem Mimetischen ab: »Die Idee ist ein Sprachliches, und zwar im Wesen des Wortes jeweils dasjenige Moment, in welchem es Symbol ist. Im empirischen Vernehmen, in welchem die Worte sich zersetzt haben, eignet nun neben ihrer mehr oder weniger verborgenen symbolischen Seite ihnen eine offenkundige profane Bedeutung. Sache des Philosophen ist es, den symbolischen Charakter des Wortes, in welchem die Idee zur Selbstverständigung kommt, die das Gegenteil aller nach außen gerichteten Mitteilung ist, durch Darstellung in seinen Primat wieder einzusetzen [...].« (I, 216 f.) Philosophie und Kritik nähern sich damit tendenziell künstlerischen Verfahrensweisen an. Solche Darstellung, die bewusst an ihrer Sprachlichkeit arbeitet, nennt Benjamin »eine eigenbürtige prosaische Form« (I, 209), die Übung verlange. Diese Passage gibt auch Aufschluss über sein eigenes philosophisch-schriftstellerisches

Selbstverständnis. Und zwar nicht nur in Bezug auf das Trauerspiel-Buch, sondern weit darüber hinaus. Wenn er 1930 gegenüber Scholem formuliert, dass er als der führende zeitgenössische Kritiker angesehen werden wolle[48], so darf dies durchaus auf die von ihm konzipierten und betriebenen Forminnovationen der philosophischen Kritik bezogen werden – merkt er doch an, dass die Kritik als seriöses Genre in Deutschland überhaupt erst wieder etabliert werden müsse. Mit seinen großen Essays aus den Dreißigerjahren hat er demonstriert, wie sich Kritik und Darstellung in der Form des Essays zu einer neuartigen, eigenständigen Schreibweise zusammenschließen lassen.[49]

Neben der Sprachlichkeit der Darstellung spielt auch ihre Zeitlichkeit eine Rolle. Schon im *Ursprung des deutschen Trauerspiels* legt Benjamin einige Grundlagen für seine späteren geschichtstheoretischen Überlegungen. Platonisierend könnte gefragt werden, ob der Idee ein Ewigkeitsstatus zukomme und sie, sofern sie einmal dargestellt wurde, ihre allzeit gültige Überlieferung erreicht habe. Doch diese These übersieht, dass Benjamin mit dem Terminus des Lebens der Werke (vgl. I, 227) sowohl deren Geschichtlichkeit als auch die Historizität der Rezeption mitdenkt. Der in den barocken Werken angelegte Verfall zum Beispiel wurde oben schon mit der allegorischen Form besprochen. Eine bestimmte Figur des Verfalls ist in die Idee des Trauerspiels mit eingegangen. Die Begriffsarbeit kann diesen Verfall am Material aufspüren. Die kritische Lektüre des Werks legt deren Geschichte frei, und zwar – nach Benjamin – deren Vor- und deren Nachgeschichte, die in ihm gebunden liegen. Dieses Gebundensein nennt Benjamin übrigens Ursprung, womit er sich von einem Begriff des Ursprungs im Sinne von Entstehung abgrenzt.

Weil die Idee eines Werks sich von derjenigen eines anderen abhebt, weil sich ferner in seiner Darstellung durch die Begriffe eine eigentümliche Figur zeigt und weil die Idee virtuell, also der

Potenz nach, noch die Historizität des Werks erfasst, nennt Benjamin die Idee »Monade«. Die Kritik »hält sich an die radikale Einzigkeit des Kunstwerks« und tritt »in dessen Inneres als in das einer Monade« (III, 51). Damit aktualisiert Benjamin einen von Leibniz im Jahrhundert des Barock geprägten Terminus. Mit ihm lassen sich sowohl die immanente Kritik als auch das Verfahren der Darstellung durch die Konfiguration von Begriffen absichern. Doch wie steht es, wenn die Monaden abgeschlossene Mikrokosmen sind, um den Zusammenhang der verschiedenen Ideen? Leibniz hatte dieses Problem durch die Annahme einer von Gott eingerichteten, prästabilierten Harmonie gelöst. Auch Benjamin greift in den Zwanzigerjahren noch auf dieses theologisch-essenzialistische Postulat zurück, wenn er anfügt, dass die Monade, »wie wir wissen, keine Fenster hat, sondern in sich die Miniatur des Ganzen trägt« (III, 51). Diese Konstruktion eines zwar verborgenen, aber dennoch unterstellten Sinnzusammenhangs nimmt er sukzessive zurück. Die Zeitlichkeit wandert immer stärker in seinen Begriff der Monade ein, der zu einem Zentrum seiner Geschichtstheorie wird und mit dieser veränderten Akzentuierung eine Brücke zum Spätwerk schlägt.[50]

Aufs Ganze von Benjamins Theorieproduktion gesehen, bleiben die ästhetischen Fragestellungen die dominierenden. Und wo er im Laufe der Zeit auf andere Gebiete übergeht, bilden meist die an den ästhetischen Gegenständen gewonnenen Erkenntnisse und Verfahrensweisen den Hintergrund.

4. Medienpraxis, Medientheorie

Nachdem Benjamin die akademische Karriere abgeschnitten war, orientierte er sich um. Das heißt allerdings nicht, dass er die Philosophie aufgegeben oder das Niveau gesenkt hätte, auf dem er sie betrieb. Nur schrieb er nicht mehr für die Institution Universität, die er ohnehin nie besonders geschätzt hatte, sondern begriff sich als ein unabhängiger Intellektueller. Das zuvor entworfene Verständnis vom Kritiker ging in die neue Praxis ein. In verschiedenen Medien wandte er sich an eine breitere Öffentlichkeit. Schon damals befanden sich so genannte freie Publizisten in einer Zwickmühle zwischen intellektuellem Anspruch und populärer Aufbereitung. Wer Geld verdienen wollte, und sei es nur, um mit dem Schreiben zu überleben, musste auf komplexe Gedankengänge verzichten und sie auf kommensurable Formate eindampfen. Benjamins Leistung bestand darin, Publikationsmöglichkeiten aufzuspüren, in denen am intellektuellen Niveau nichts nachgelassen werden musste. Alle seine publizierten Texte heben sich deutlich vom Mittelmaß ab.

Er erschloss sich sowohl neue Medien – wie den soeben auf Sendung gegangenen Hörfunk – als auch neue, feuilletongerechte Textsorten. Außerdem knüpfte er ein Netz von Freundschaften und Beziehungen, das bis 1933 auch beruflich tragfähig war. Um 1923 hatte er Siegfried Kracauer kennen gelernt, der Redakteur im Feuilleton der *Frankfurter Zeitung* war und ihm den Weg zu diesem Blatt ebnete. Durch Vermittlung seines Freundes Ernst Schoen arbeitete er seit 1927 für den Rundfunk. Willy Haas wurde seine

Verbindung zur *Literarischen Welt*. Außerdem schrieb er unter anderen für das *Berliner Tageblatt*, den *Berliner Börsen-Courier*, für die *Gesellschaft* und die *Vossische Zeitung*.

Doch die Wende, die sich mit dem Trauerspiel-Buch (1928) abzeichnete, rührte nicht nur von diesen Publikationsnotwendigkeiten her. Benjamin lockerte seine bisherige metaphysische Orientierung und wandte sich verstärkt materialistischen Positionen zu. Auch hier wurden neue Bekanntschaften prägend. 1923 lernte er Theodor W. Adorno kennen. 1924 reiste er für sechs Monate nach Capri, wo er Ernst Bloch, Alfred Sohn-Rethel und andere Linksintellektuelle traf. Auf 1924 datiert auch die durch Asja Lacis, eine lettische Kommunistin, vermittelte Bekanntschaft mit Bertolt Brecht. Benjamin hatte sich auf Capri – letztlich unglücklich – in Lacis verliebt. Politisch stand er nun dem linken Lager nahe; er sympathisierte mit der jungen Sowjetunion, ohne in die Kommunistische Partei einzutreten. 1926 reiste er nach Moskau. Daraus darf aber kein dogmatisches Bekenntnis zur Sowjetunion abgeleitet werden, denn erstens war es für Benjamin eine Möglichkeit, Lacis wiederzusehen, zweitens macht er im *Moskauer Tagebuch* (VI, 292-409) deutlich, wo die Grenzen seiner Identifikation mit dem Sowjetsystem liegen, und drittens setzte Benjamin seine rastlose Reisetätigkeit auch in dieser Zeit fort. So wohnte er 1926 zum Beispiel für ein halbes Jahr in Paris. Seit Scholem nach Jerusalem gegangen war, hegte er Auswanderungspläne und nahm zeitweise Unterricht in Hebräisch. Auch privat verlief Benjamins Leben unstet. 1917 hatte er Dora Pollak, geb. Kellner geheiratet – doch schon 1921 warb er um Jula Cohn. Seine Ehe wurde 1930 geschieden. Aus ihr ging der Sohn Stefan, geboren 1918, hervor.

Essayismus in Bildern

1928 erschien neben dem *Ursprung des deutschen Trauerspiels* mit *Einbahnstraße* ein völlig anders geartetes Buch Benjamins. Auf den ersten Blick hat es mit dem Wissenschaftler und dem Philologen nichts zu tun. Der gelehrten, fußnotenreichen Abhandlung antwortet hier eine freche Aphorismensammlung. Dennoch gibt es Berührungspunkte. Die nichtdeduktive Darstellung, die Benjamin in der Habilitationsschrift bevorzugt, radikalisiert er an einem anderen Gegenstand. Die fragmentarische Form der Reflexionen schließt sich hier zusammen mit der Großstadterfahrung, indem Benjamin seine Überschriften motivisch diesem Bereich entnimmt, sodass das Großstadtleben in den Textrhythmus eingegangen zu sein scheint. Verweilt der barocke Melancholiker in grüblerischer Kontemplation, so bewältigt der Großstadtintellektuelle seine Umgebung im Zeichen der sprachlichen Beschleunigung. Er vergeudet weder Zeit noch Zeile.

Einbahnstraße begründet die im engeren Sinne schriftstellerische Seite des benjaminschen Werks, deren besondere Qualität lange Zeit überhaupt nicht wahrgenommen wurde. Doch spätestens seit in der Moderne einige Autoren Narration und philosophische Reflexion ineinander woben, müssen Bücher wie *Einbahnstraße* und *Berliner Kindheit um 1900* auch in ihrer literarischen Dimension gewürdigt werden. Das Unverständnis für Benjamins literarische Seite produzierte auch einen blinden Fleck in Bezug auf seine philosophische Praxis, denn in dieser sind literarische Elemente wirksam. Das macht schon der Blick auf die von ihm bevorzugten kleinen Formen deutlich. Zu nennen wären neben Kritik, Polemik und Aphorismus auch Städtebild, Porträt und Denkbild. Der Essay bildet eine Art Klammer um diese Formen; er steht programmatisch für den Grenzgang zwischen der philosophischen Wissenschaft und der Kunst. Dabei eignet ihm nicht der didaktische Zug des Traktats und er verkleidet die Philosophie nicht ins Metaphorische wie etwa die Fabel.[51] Vielmehr trägt sein Grenzgang Experimentcharakter. Damit charakterisiert er weite Teile von Benjamins philosophischer Prosa.

Größere Städtebilder schrieb Benjamin über *Neapel* (IV, 307-316), *Moskau* (IV, 316-348), *Weimar* (IV, 353-355) und *Marseille* (IV, 359-364) – nicht zu vergessen die *Berliner Kindheit* sowie das Fragment gebliebene *Passagen-Werk*, das Paris zum Sujet hat.[52] Porträts liegen von Benjamin in großer Zahl vor, jedoch beschreibt er kaum einmal die Physiognomie oder die Lebensumstände der Autoren. Im Zentrum steht immer das Werk in seiner Eigentümlichkeit, sodass treffender von Werkporträts gesprochen werden sollte. Den Aspekt des Bildhaften am Porträt hebt Benjamin mitunter zusätzlich im Titel hervor: *Zum Bilde Prousts* (II, 310), *Momentaufnahme der europäischen Intelligenz* (II, 295), *Bilderrätsel* (II, 280). *Denkbilder* (IV, 428) nennt Benjamin eine kurze Folge von aphoristischen Texten. Der Terminus wurde inzwischen theoretisch abgesichert[53]; er kann auf viele kleine Arbeiten Benjamins angewendet werden.

Benjamins Anspruch, die Kunstkritik zu erneuern und sie sogar als eine neue Gattung zu etablieren, zeigte sich schon bei der praktischen Umsetzung seines Verständnisses von Kritik. Der üblichen Geringschätzung dieser kleinen Form setzt er eine theoretisch begründete Wertschätzung entgegen. Kritik kann aber erst dort einsetzen, wo es etwas zu kritisieren gibt. Bleibt ein Elaborat unter dem geforderten Minimalanspruch, ist die vernichtende Polemik zuständig, wie Benjamin sie 1931 in seinem Essay über *Karl Kraus* (II, 334-367) rekonstruiert. Er selbst hat sie kaum praktiziert. Gemeinsam mit Brecht plante er einmal, Heidegger »zu zertrümmern« (GB III, 522). Selten finden sich jedoch vernichtende Passagen wie jene, in der er Jahnns *Perrudja* in einem internen Lektoratsgutachten als »Heimatkunst der analen Zone« (VI,

141) bezeichnet, oder jene, in der er der politisch intendierten Lyrik Kästners attestiert, »das Kollern in diesen Versen« habe »mehr von Blähungen als vom Umsturz« – »Kästners Gedichte machen die Luft nicht besser« (III, 283).

Benjamin kennt die in die Polemik wechselnde, vernichtende Kritik, doch hat er sich meist mit Werken beschäftigt, an deren Kategorien er seine eigenen Begriffe produktiv entwickeln konnte. Die immanente Kritik platziert die Reflexion inmitten der durch die Werke vorgegebenen Kategorien. Dies betrifft nicht nur die philosophisch-argumentativen Gehalte, sondern bei Benjamin auch den Bereich der künstlerischen Darstellung. Themen und Motive der kritisierten Werke werden aus diesen extrahiert und im neuen Bezugsrahmen der Kritik zu deren Bausteinen. Damit überschreitet die benjaminsche Kritik den Bereich der Abhandlung und geht in den Essay über. Die Darstellung sucht durch den Sachgehalt den Wahrheitsgehalt, die Idee, zu aktualisieren. Der entstandene Text trägt den Momentcharakter dieses Versuchs an sich. Spätere Versuche involvieren andere Gesichtspunkte und produzieren ein verändertes Ergebnis. Den Essays ist das Bewusstsein ihrer eigenen Zeitbedingtheit eingeschrieben.

Diese Zeitlichkeit des Momenthaften, in der sich eine Lektüre ereignet und in der die Konfrontation des Kritikers mit dem Werk eine bestimmte Figur ergibt, fasst Benjamin mit dem Begriff des Bildes. In ihn sind noch weitere Bestimmungen eingegangen. Relationen der Zeit (etwa Entstehungszeit, Zeitpunkt der Lektüre), der Ordnungen (etwa Sprache, außersprachliche Wirklichkeit) und der Subjekte (etwa Akteure, Herrschende, Lesende) treten in ein Wechselverhältnis zueinander, das sich im Bild kristallisiert. Diese Stillstellung gibt die Momentaufnahme eines Jetzt frei. Ihr Medium ist die Sprache, insbesondere die fixierende Schrift. Die spezifische Form des Essayismus bei Benjamin müsste in dem Entwerfen solcher Bilder gesucht werden.

Die Bilder nehmen ihren Ausgang keineswegs nur von den Kunstwerken. Benjamin überschreitet vielmehr in seinem Schreiben die Kritik, indem er auch Sujets wie zum Beispiel die Stadt aufgreift – später wird der Terminus des Bildes auch für seine Geschichtstheorie entscheidend. Das Städtebild *San Gimignano* beginnt mit den Sätzen: »Worte zu dem zu finden, was man vor Augen hat – wie schwer kann das sein. Wenn sie dann aber kommen, stoßen sie mit kleinen Hämmern gegen das Wirkliche, bis sie das Bild aus ihm wie aus einer kupfernen Platte getrieben haben [...].« (IV, 364) Hier lässt Benjamin keinen Zweifel darüber, dass sein Begriff des Bildes nicht mit dem des Abbildes zusammenfällt. Von den sozialistischen Widerspiegelungs- und Abbildtheorien und den auf sie gegründeten Realismuskonzepten muss er strikt unterschieden werden. Worte *zu* etwas finden ist nicht gleichbedeutend mit dem Verfahren der Repräsentation, das Worte *für* etwas findet. Benjamins Bild okkupiert nicht das Wirkliche, es setzt sich nicht an dessen Stelle. Vielmehr bearbeitet es dieses, hält aber die Differenz zu ihm gegenwärtig.

Genauer betrachtet ist es auch gar nicht »die Wirklichkeit«, die hier sprachlich bearbeitet wird, sondern eine schon immer durch die Sinne – die Augen – wahrgenommene. Auf eine »davor« liegende, »objektive« oder »wahre« Wirklichkeit bezieht sich Benjamin an dieser Stelle gar nicht. Und andernorts können deren Spuren allenfalls an negativen ästhetischen Kategorien – wie dem Ausdruckslosen oder dem Erhabenen – abgelesen werden. Wenn Worte, wie Hämmer, bearbeitend auf das intendierte und wahrgenommene Wirkliche, wie auf eine Kupferplatte, treffen und in diesem Ursprung das Bild freigesetzt wird, so sind in dieses Bild konstitutiv, es begründend, Anteile beider Ordnungen eingewandert. Etwas Neues ist entstanden, etwas Irreduzibles, das Benjamin deshalb bis ins Spätwerk hinein mit dem Begriff der Monade anspricht. An dieser distinkten Einheit des freigesetzten Bildes haftet auch ein temporales Element: Bilder sind stillgestellt, wie eine Momentaufnahme fixiert. Beide, die monadenartige Isolation und der zeitliche Index, gehen in die später von Benjamin entwickelte Theorie des dialektischen Bildes ein.

Aus dem Kupferplatten-Zitat kann auch erschlossen werden, dass der Instrumentcharakter der Worte, den die Metapher des Hammers nahe legt, bei Benjamin nicht bedeutet, dass die Bilderproduktion ins Hoheitsgebiet des Ichs fällt. Wenn davon die Rede ist, dass »die Worte kommen«, dann heißt das zugleich, dass zwar die Intention, der Wunsch, der Wille da sind, Wirklichkeit und Wort aufeinander zu beziehen, doch es heißt nicht, dass die Intention der Souverän dieses Prozesses wäre.[54] Vielmehr geschieht die Wortfindung zugleich *mit* dem Suchenden, vergleichbar der Assoziationstechnik in der Psychoanalyse, wo es darum geht, die Intention weitgehend aus der Sprach- und Bildfindung herauszuhalten. Nicht umsonst sieht Benjamin gerade in den nichtintendierten Artikulationen das produktive Potenzial einer künstlerischen Strömung wie dem Surrealismus[55]: »im Witz, in der Beschimpfung, im Mißverständnis« (II, 309) und im Traum: »Saint-Pol-Roux befestigt, wenn er gegen Morgen sich zum Schlafe niederlegt, an seiner Tür ein Schild: Le poète travaille [...].« (II, 296 f.) Damit ist allerdings erst die halbe Arbeit getan; die angezapften sprachlichen Energien müssen in den rationalen Kontext rückgeführt werden, denn eine bewusstlose Sprachfindung propagiert Benjamin keineswegs. Wiederum trifft die Parallele zur Psychoanalyse den Punkt. Während einige Surrealisten – mit der Technik der automatischen Schreibweise – beim Protokollieren der nichtintendierten Artikulationen stehen bleiben, ordnet der Patient die sprachlichen Bruchstücke aus dem Traum und der freien Assoziation in der Analyse neu an und wertet sie dabei um. Im Idealfall nehmen die Elemente nun auch in seinem Gefühlsleben eine veränderte Stellung ein, indem sie zum Beispiel ihre obsessive

Kraft verlieren. Das muss nicht heißen, dass sie rational aufgelöst wären.

So greift Benjamin in seinem Kafka-Essay ein Verfahren der Ablenkung durch Auslegung auf. Er zitiert eine Parabel von Kafka: »Sancho Pansa [...] gelang es im Laufe der Jahre, durch Beistellung einer Menge Ritter- und Räuberromane in den Abend- und Nachtstunden seinen Teufel, dem er später den Namen Don Quixote gab, derart von sich abzulenken, daß dieser dann haltlos die verrücktesten Taten aufführte, die aber mangels eines vorbestimmten Gegenstandes, der eben Sancho Pansa hätte sein sollen, niemandem schadeten. Sancho Pansa, ein freier Mann, folgte gleichmütig [...] dem Don Quixote auf seinen Zügen und hatte davon eine große und nützliche Unterhaltung bis an sein Ende [...].« (II, 438)

Die zunächst noch unbenannte und nicht beherrschbare Bedrohung wird durch die Benennung und durch die Konstruktion eines neuen, imaginären Ortes entschärft. Sancho Pansa, der Getriebene, versetzt sich selbst in die sprachlich entworfene Szene. Seine Spracharbeit stellt eine Art Notwehrreaktion dar. Und wie in der Psychoanalyse ist das Merkwürdige daran: es hilft. Abermals wird hier deutlich, dass für Benjamin – wie für Kafka – Sprache und Bewusstsein kaum voneinander zu trennen sind. Im Surrealismus-Essay hat er diesen Gedanken radikalisiert und auf die Produktion von sprachlichen Bildern bezogen. Er formuliert, bei den Surrealisten sei »buchstäblich von Erfahrungen« (II, 297) die Rede, und verweist damit auf beide Prozesse: den neuen Sprachgebrauch durch neue Erfahrungen, vor allem aber jene Erfahrungen, die mit den eigentümlichen Implikationen der Sprache zusammenhängen.

An dieser Stelle tritt die politische Dimension der Erfahrungen mit der Sprache in Funktion. Benjamin treibt seine Reflexion auf die Funktion der Bilder hier in ein Extrem, indem er vom Bild zum Bildraum vorangeht. Er will »die moralische Metapher aus der Politik herausbefördern und im Raum des politischen Handelns den hundertprozentigen Bildraum entdecken« (II, 309). Wie Sancho Pansa sich selbst in die Literatur versetzt hat, so sollen die politischen Akteure sich im Bildraum bewegen und die Künstler in ihm in Funktion gesetzt werden. Politische Einstellungen – die so genannte Tendenz – nehmen einen nachgeordneten Rang ein. Im Vordergrund stehen neue Weisen der Aneignung von Welt, die in der vertrauten Lebenswelt jene Momente aufspüren, die zwar im alltäglichen Handeln mit vollzogen werden, von denen die Akteure aber nicht wissen, dass sie in ihrem Handeln enthalten sind. Dieses mitgegebene Rätselhafte können wir, schreibt Benjamin, nur in dem Maße durchdringen, »als wir es im Alltäglichen wiederfinden, kraft einer dialektischen Optik, die das Alltägliche als undurchdringlich, das Undurchdringliche als alltäglich erkennt« (II, 307). Für diesen Vorgang, also für die von ihm gemeinte Erfahrung, prägt er den paradoxen Ausdruck »profane Erleuchtung« (II, 307).[56] Sie begegnet in der »dialektischen Optik« des Bildes. Betont sei, dass die profane Erleuchtung keineswegs die Wirklichkeit auflöst – weder in die Erkenntnis noch in die Intuition. Vielmehr gewinnt das Alltägliche an Widerspenstigkeit, indem es nun im Bewusstsein von seiner Undurchdringlichkeit wahrgenommen wird. Herausgetrieben wird sein »sürrealistisches Gesicht« (II, 300).

In furiosen Wendungen versucht Benjamin, die Logik dieses Bildraumes zu fassen. Wenn er schreibt, dieser sei »kontemplativ überhaupt nicht mehr auszumessen« (II, 309), so bestimmt er den Aufenthalt in diesem Bildraum als eine Aktivität. Die Individuen begeben sich in ihn hinein; sie experimentieren mit sich selbst, mit ihrem Weltverständnis und ihren unbewussten Potenzialen. Was dabei herausspringen könnte, wäre nicht Sinn, sondern Geistesgegenwart: »überall, wo ein Handeln selber das Bild aus sich herausstellt und ist, in sich hineinreißt und frißt, wo die Nähe sich selbst aus den Augen sieht, tut dieser gesuchte Bildraum sich auf, die Welt allseitiger und integraler Aktualität, in der die ›gute Stube‹ ausfällt« (II, 309). Und weil *ein* Moment der undurchdringlichen Wirklichkeit den Körper betrifft, der wesentlichen Anteil an der Bildproduktion hat, fasst Benjamin den Bildraum auch als »Leibraum« (II, 309) und definiert seinen Materialismus als einen anthropologischen. Mit diesem Verständnis von der Arbeit am Bild, die vielleicht eher als ein Gewahrwerden und Anregen der Bilderproduktion in uns bezeichnet werden sollte, zeigt sich einmal mehr, dass die verschiedenen Dimensionen der Bildlichkeit in Benjamins Prosa im engsten Zusammenhang mit seiner philosophischen Praxis stehen. Diese konvergiert zunehmend mit einer politischen.

Brecht und die Politisierung

Weder hatte Benjamin Brecht – wie Scholem – früh kennen gelernt noch kümmerte sich Brecht – wie Scholem und Adorno – nach dem Tod Benjamins um dessen Werk. Dennoch darf Brecht in der Konstellation jener Personen, die auf Benjamin intellektuell wirkten, nicht fehlen. An ihm kristallisierten sich alle Fragen, die mit der Politisierung von Kunst und Kritik zu tun hatten. Und diese interessierten Benjamin zunehmend. Mitunter wird sein Gesamtwerk in ein frühes, metaphysisches und ein spätes, materialistisches eingeteilt. Als Zeitpunkt des Umschlags gilt dann der Aufenthalt auf Capri. Dabei beflügelt Benjamins Affäre mit Lacis immer wieder die Fantasie: sie habe ihn zum Kommunismus verführt. Tatsächlich existieren Briefe Benjamins an Scholem, in denen er unter anderem schreibt, dass »seit meinem Aufenthalt hier die politische Praxis des Kommunismus (nicht als theoretisches

Problem sondern zunächst als verbindliche Haltung) mir in einem andern Licht steht, als je vorher« (GB II, 483). Die strikte Trennung von Frühwerk und Spätwerk zeichnet aber den Umschwung sowohl biografisch als auch werkgeschichtlich zu drastisch und verklärt ihn dadurch. Richtig ist zweifellos, dass Benjamin sich terminologisch und politisch sukzessive umorientierte. Die Rede von einem Bruch verdeckt hingegen die starken Kontinuitäten, die sich durch sein Werk ziehen.

Seine Beschäftigung mit dem Politischen setzte nicht erst 1924 ein[57], sondern spätestens während des Ersten Weltkriegs. In dem 1921 erschienenen Aufsatz *Zur Kritik der Gewalt* (II, 179-203) findet sie einen mittlerweile viel beachteten, frühen Höhepunkt.[58] Benjamin trug sich in dieser Zeit sogar mit dem Gedanken, ein Buch über das Politische zu schreiben.[59] Von einer abrupten Politisierung kann also keine Rede sein. Eher verschieben sich einige, allerdings wichtige, Akzente. Obwohl in diese Zeit die Lektüre von Georg Lukács' einflussreicher Schrift *Geschichte und Klassenbewußtsein* fällt, geht Benjamins verändertes Interesse am Politischen nicht von der Theorie aus. Die Formulierungen, der Kommunismus interessiere ihn als »verbindliche Haltung« und als »politische Praxis«, sollten ernst genommen werden. Damit ist bei Benjamin, der erwog, in die Kommunistische Partei einzutreten, nicht die Parteiarbeit gemeint. Vielmehr forscht er nach dem Indifferenzpunkt von Kunst und Politik, nach der politischen Praxis in der künstlerischen. Verlautbarungs- und Kulturpolitik weist er zurück. Worum es ihm letztlich geht, ist das Entfachen kreativer Potenziale durch künstlerische Prozesse inmitten der Lebenspraxis. In diese Richtung diskutierte er mit Lacis über Formen eines proletarischen Kindertheaters. Vor allem war es aber Brechts künstlerische Verfahrensweise, in der er diese politisch-praktische Dimension verwirklicht sah.

Benjamin lernte Brecht 1924 durch die Vermittlung von Lacis kennen, doch ihr Kontakt intensivierte sich erst um 1929, als beide in Berlin tätig waren.[60] 1930/31 planten sie die Herausgabe einer Zeitschrift mit dem Titel *Krisis und Kritik*, die die zersplitterten Kräfte der intellektuellen Linken bündeln und ihnen »eine eingreifende, von Folgen begleitete Produktion im Gegensatz zu der üblichen willkürlichen und folgenlosen gestatten« (VI, 618) sollte. Seit dieser Zeit unterhielten sie eine mehr oder weniger enge Arbeitsbeziehung zueinander. Im Exil wohnten sie zunächst im gleichen Pariser Hotel, bis Brecht nach Dänemark zog. Benjamin besuchte ihn dort in den Sommern 1934, 1936 und 1938. Unter dem Eindruck des Hitler-Stalin-Pakts, den Brecht zu rechtfertigen suchte, entfernten sich beide jedoch politisch voneinander.[61]

Benjamin begleitete Brechts schriftstellerische Entwicklung als Diskussionspartner und als Kritiker.[62] Während Scholem von dem unheilvollen Einfluss Brechts auf Benjamin sprach[63] und Adorno Einwände gegen dessen vermeintlichen Vulgärmarxismus erhob, sah Benjamin die Begegnung als fruchtbar und einschneidend an. (Vgl. ABB, 117 f.) Sein »Einverständnis mit der Produktion von Brecht« stellt, schreibt er 1933, »einen der wichtigsten, und bewehrtesten, Punkte meiner gesamten Position« (GB IV, 299) dar. In welchem Maße er dessen Literatur schätzte, zeigt der Umstand, dass er sich einigen von Brechts Gedichten in der Form des Kommentars näherte, geht doch der Kommentar von der Klassizität seines Textes aus. (Vgl. II, 539) Brecht, dem Benjamins Kritik wichtig war[64], entwickelte seit den späten Zwanzigerjahren Theorie und Praxis des epischen Theaters. Zentrale Elemente dieses Verfahrens kehren in Benjamins Denken wieder.[65] Insbesondere teilen beide ein bestimmtes Verständnis vom Funktionszusammenhang der Faktoren Autor, Werk und Publikum. Statt sie zu isolieren, soll die Kunst sie in einen Prozess involvieren, in dessen Verlauf alle Faktoren sich verändern. Und in dieser Bestimmung als eine Praxis, die verändernd wirkt, liegt der Konvergenzpunkt von Politik und künstlerischem Verfahren.

Das epische Theater schafft die Guckkastenbühne ab und wendet sich damit gegen den überlieferten Illusionismus. Während das traditionelle Theater den Charakter des Gemachten am Spiel nach Kräften verbirgt, kehrt das epische ihn heraus. Gaukelt jenes Theater vor, es bilde Wirklichkeit ab, behandelt dieses »die Elemente des Wirklichen im Sinne einer Versuchsanordnung« (II, 522). Die Schauspieler versetzen sich in einen Charakter, zeigen aber dabei, dass sie spielen. Die Rolle und die Person des Schauspielers treten auseinander, während sie im traditionellen Theater miteinander verschmelzen. Solche und weitere antiillusionistische Momente fasst Brecht Mitte der Dreißigerjahre unter dem Begriff des Verfremdungs-, kurz: V-Effekts zusammen. Zwar greift Benjamin den Begriff nicht auf, der Sache nach interessiert ihn an Brechts Theater freilich genau diese Dimension. Denn die Irritation arbeitet der bloßen Unterhaltung des Publikums entgegen, unterstützt dessen Geistesgegenwart und setzt in ihm Erfahrungen frei.

Vor allem die Unterbrechung der Handlung, wie etwa in der *Dreigroschenoper* durch das Einschieben von Songs, kann Benjamin in eine Analogie zu seiner Theorie des Denkens in Bildern bringen. Denn hier wie dort wird ein Prozess stillgestellt und für einen Moment fixiert, wodurch er auf eine neuartige, eigenständige Weise erscheint. Ruft die Aneignung von Texten – nach Benjamin – Bilder hervor, so produziert das Theater Gesten. Indem es Handlungen gleichsam einfriert und, »den Bildern des Filmstreifens vergleichbar, in Stößen« (II, 515) vorrückt, grenzt es einzelne Gesten voneinander ab und gibt ihnen dadurch gewissermaßen eine Rahmung. Sie werden unterscheidbar. Indem sie nun aber hart aufeinander treffen, anstatt gleitend ineinander überzugehen, bewirken sie beim Publikum kleine Schocks, auf die es mit Staunen und mit gedanklicher Aktivität reagiert. Deshalb kann Benjamin schreiben: »Das epische Theater gibt also nicht Zustände wieder, es entdeckt sie vielmehr. Die Entdeckung der Zustände vollzieht sich mittels der Unterbrechung von Abläufen.« (II, 522)

Das Publikum bezieht sich nicht passiv konsumierend auf das Werk, sondern – in einem durchaus lustvollen Prozess – aktiv entdeckend. Autor, Werk und Publikum verändern gegenüber dem traditionellen Theater ihre Funktionen, indem die Situation der Aufführung als eine politische begriffen wird. Somit bedient sich Brecht zwar der bürgerlichen Institution Theater, er modifiziert sie aber auch. Diesen Gedanken arbeitet Benjamin in dem Vortrag *Der Autor als Produzent* von 1934 (II, 683-701) weiter aus. Brecht habe »als erster an den Intellektuellen die weittragende Forderung erhoben: den Produktionsapparat nicht zu beliefern, ohne ihn zugleich, nach Maßgabe des Möglichen, im Sinne des Sozialismus zu verändern« (II, 691).

Benjamin geht es um den Unterschied zwischen einer aufklärenden, belehrenden, informierenden Haltung und einer, die die Konfrontation mit der Kunst als einen Ort für die Produktion von Erfahrungen ansieht, die ihrerseits politische Effekte freisetzen können. Weit über das Theater hinaus fordert er den operierenden, nicht den informierenden Intellektuellen. Die Arbeit eines Autors, »der die Bedingungen heutiger Produktion durchdacht hat, wird [...] niemals nur die Arbeit an Produkten, sondern stets zugleich die an den Mitteln der Produktion sein. Mit anderen Worten: seine Produkte müssen neben und vor ihrem Werkcharakter eine organisierende Funktion besitzen [...].« (II, 696)

Operierende, politisch in Funktion gesetzte Künstler und Intellektuelle zeichnet ein neues Verhältnis zur alten Frage nach dem Gegensatz von Form und Inhalt aus, wodurch auch ihr Verhältnis zur Technik geprägt wird. Der Begriff der Technik umfasst bei Benjamin mehrere Bedeutungen. Einerseits geht es um die handwerklich-künstlerische Qualität eines Werks, andererseits um die Innovationen der Technikgeschichte. Die Art und Weise, wie

Künstler und Werk innovativ in Funktion gesetzt werden, betrifft beide Aspekte der Technik. Beide mobilisiert er für seine These, dass »die Tendenz einer Dichtung politisch nur stimmen kann, wenn sie auch literarisch stimmt« (II, 684). Form und Inhalt können nicht voneinander getrennt werden.

Benjamins Hinweis auf die Analogie von epischem Theater und Film, beide stünden »auf der Höhe der Technik« (II, 524), ist keineswegs zufällig. Denn die Entwicklung der Technik hat das alltägliche Handeln ebenso verändert wie die Wahrnehmung der Welt. Will eine politisch motivierte Kunst praktisch wirksam werden, so muss sie inmitten der avanciertesten Techniken arbeiten. Aber sie darf sie nicht in der üblichen, kapitalistisch geprägten Weise einsetzen, die – gesteigert im Faschismus – unweigerlich in den Krieg führt.[66] Vielmehr soll eine solche Kunst, indem sie sich der fortgeschrittensten Techniken bedient, deren utopisch-innovative Potenziale entdecken. Kunst, Technik und Politik durchdringen einander.

Die programmatisch geforderte Position des operierenden Intellektuellen suchte Benjamin angesichts des siegreichen Nationalsozialismus selbst auszufüllen. In seinem Aufsatz *Das Kunstwerk im Zeitalter seiner technischen Reproduzierbarkeit* beansprucht er, dass die von ihm eingeführten Begriffe »für die Zwecke des Faschismus vollkommen unbrauchbar sind« (VII, 350). Ob ihm das gelungen ist und ob es überhaupt gelingen kann, bleibt diskussionsbedürftig.[67] Benjamins scharfe Abgrenzung resultiert aus seiner Einsicht, dass auch im Faschismus die Ästhetik eine wichtige Rolle spielt. Deutlich wird dies zum Beispiel an der Inszenierung der Politik auf den Reichsparteitagen, die durch Riefenstahls Film *Triumph des Willens* bis heute das Bild des Nationalsozialismus wesentlich prägen. Auch hier verschmilzt das Ästhetische mit dem Politischen. Einer Verwechslung dieser faschistischen Selbstinszenierung der Macht mit der von Benjamin angestrebten Politisierung tritt er mit einer berühmt gewordenen Formulierung entgegen: Auf die vom Faschismus betriebene »Ästhetisierung der Politik« antworte der Kommunismus »mit der Politisierung der Kunst« (VII, 384).

Doch je länger Hitler an der Macht war, desto mehr geriet die Opposition in die Defensive. Zuletzt ging es für viele um das nackte Überleben. Als Brecht 1941 von Benjamins Tod erfuhr, verfasste er einige Porträtgedichte auf den Freund. Eines nimmt mit dem Schachspiel Bezug auf eine Lieblingsbeschäftigung der beiden während ihrer gemeinsamen dänischen Sommer. Es zieht auch ein politisches Resümee[68]:

»An Walter Benjamin, der sich auf der Flucht vor Hitler entleibte

Ermattungstaktik war's, was dir behagte
Am Schachtisch sitzend in des Birnbaums Schatten.
Der Feind, der dich von deinen Büchern jagte
Läßt sich von unsereinem nicht ermatten.«

Rundfunkpraxis und Medientheorie

Benjamins Rang als Theoretiker ist heute zu Recht unbestritten. Nicht vergessen werden sollte aber, dass er auch Praktiker war – und zwar Medienpraktiker. Dies gilt für seine Arbeit als Kritiker und Feuilletonist in den Printmedien ebenso wie für seine jahrelange Hörfunktätigkeit.[69] 1927 war Benjamin das erste Mal auf Sendung, und von 1929 bis zu seiner Emigration bildete der Rundfunk seine Haupteinnahmequelle. Vermittelt durch Ernst Schoen, der beim Frankfurter Südwestdeutschen Rundfunkdienst Redakteur war, produzierte Benjamin hier Sendungen für das literarische Programm, während er für den Berliner Rundfunk im Zuständigkeitsbereich Edlef Koeppens Sendungen für Kinder und

Jugendliche entwarf. Dabei beschränkte sich seine Tätigkeit keineswegs auf die Autorschaft. In dieser Frühzeit des Mediums, in der Generalisten gefragt waren, arbeitete er auch als Produktionsleiter, Sprecher, Moderator – ja sogar als »Entertainer«[70].

Erst seit 1923 gab es überhaupt ein regelmäßiges Rundfunkangebot in Deutschland. Dass Benjamin sich sofort für das Medium interessierte, hatte nicht nur finanzielle Gründe. Es spiegelt auch sein Verhältnis zu den technischen Innovationen wider. Darin lag ein weiterer Berührungspunkt mit Brecht, der ebenfalls sowohl radiotheoretische als auch -praktische Arbeiten vorantrieb. Diese stellten, so Benjamin, in »originaler Weise das Verbindungsglied zwischen Theater und Rundfunk« (II, 773) dar. Den Impuls des epischen Theaters, »an die Stelle der Bildung (der Kenntnisse) die Schulung (des Urteils)« (II, 776) treten zu lassen, berücksichtigt Benjamin auch in seiner eigenen Rundfunkpraxis. Zumindest für zwei Sparten – für den Kinder- und Jugendfunk und für die Hörmodelle – darf deshalb in diesem Sinne von einer pädagogischen Ausrichtung seiner Radioarbeit gesprochen werden.

Wie zuvor schon in seinen Überlegungen zum proletarischen Kindertheater zielt Benjamin in seinen Rundfunkarbeiten für Kinder und Jugendliche darauf, deren Eigentätigkeit anzuregen. 1929 entwirft er in einer Rezension Grundzüge einer proletarischen Pädagogik.[71] Anstatt wie im Bürgertum in die Fußstapfen der Eltern als Erben zu treten, also zu werden, was diese schon sind, sollten die proletarischen Jugendlichen sich an der möglichen Veränderung orientieren und Situationen erkennen lernen, in denen diese herbeizuführen wäre. Keinem inhaltlich fixierten Bildungsziel soll nachgestrebt werden. Vielmehr wäre an den Erfahrungen anzusetzen, die die Kinder in ihrer Lebenswelt gemacht haben. Am Ende stünde kein Wissen, sondern eine Haltung; Benjamin spricht von »der Universalität des Bereitseins« (III, 208) für die Veränderung. Ihm geht es also um eine neu gewonnene Stellung im Alltag.

Auch ein wichtiger Teil seiner Produktion für Erwachsene arbeitet mit dem Moment der Schulung. In Zusammenarbeit mit anderen entwickelte er die Form des Hörmodells. Mit Rolf Zucker entwarf er sechs, von denen zwei gesendet wurden. In einem Memorandum schreibt Benjamin: »Die Grundabsicht dieser Modelle ist eine didaktische. Gegenstand der Unterweisung sind typische dem Alltagsleben entnommene Situationen. Die Methode der Unterweisung besteht in der Konfrontation von Beispiel und Gegenbeispiel [...].« (IV, 628)

Eines dieser Modelle heißt *»Gehaltserhöhung?! Wo denken Sie hin!«* (IV, 629-640) und exerziert in Position und Gegenposition sinnvolle und weniger sinnvolle Möglichkeiten des Themas durch. In der gesprochenen Sprache des Alltags gibt es eine konkrete, praktische Lebenshilfe für Lohnabhängige. Programmatisch nimmt Benjamin für diese Arbeiten sogar die Volkstümlichkeit für sich in Anspruch. Er leitet sie aus dem neuen Medium her. Kraft der technischen Möglichkeiten, die der Rundfunk eröffnet habe, »an unbegrenzte Massen sich zu gleicher Zeit zu wenden, wuchs die Popularisierung über den Charakter einer wohlmeinenden menschenfreundlichen Absicht hinaus« (IV, 671). Darauf müsse der Rundfunk durch sein Programm reagieren; die neue Volkstümlichkeit verlange »eine gänzliche Umgestaltung und Umgruppierung des Stoffes aus dem Gesichtspunkt der Popularität heraus« (IV, 672). Das Interesse der Menschen sei der Angelpunkt der Volkstümlichkeit. Von diesem Anliegen der Öffentlichkeit her müsse das Wissen neu organisiert werden. Der passiv konsumierten Unterhaltung hält Benjamin ein anderes Verständnis entgegen: »das wirklich volkstümliche Interesse ist immer aktiv« (IV, 672). Als Programmneuerung experimentierte man nach der Ausstrahlung des Hörmodells mit der Form der Diskussionsrunde, in der das Thema vertieft werden konnte.[72]

Neben den strikt didaktisch ausgerichteten Hörmodellen umfasst Benjamins Radioarbeit mit dem Hörspiel, dem literarischen

Vortrag und der Erzählung auch andere Formen. Unter den Hörspielen sollten hervorgehoben werden: *Radau um Kasperl* (IV, 674-695), ein Hörspiel für Kinder, sowie *Lichtenberg* (IV, 696-720). Aus Funkerzählungen über Berlin, die Benjamin 1929 und 1930 hielt, entwickelte sich außerdem die *Berliner Chronik* von 1932 (VI, 465-519) und später die *Berliner Kindheit um 1900* (VII, 385-433). Zu resümieren bleibt, dass Benjamin, dessen Denken und Leben sich in Extremen organisierte und der Texte verfasste, die – wie die Vorrede zum Trauerspiel-Buch – selbst Professoren der Philosophie für esoterisch und unverständlich hielten, in seinem Engagement für den Rundfunk, insbesondere mit dem Jugendfunk und den Hörmodellen, den exoterischen, populären Pol seines Wirkens erreichte.[73]

Parallel zu seiner medienpraktischen Tätigkeit für Presse und Funk arbeitete Benjamin an medientheoretischen und mediengeschichtlichen Reflexionen. Zwar entstand keine geschlossene Theorie der Medien, aber sowohl einige der von ihm geprägten Begriffe als auch sein methodologisches Vorgehen gehören heute zu den Kristallisationspunkten medienwissenschaftlicher Debatten. Auch in Bezug auf die Medientheorie baut Benjamin wieder ein Kraftfeld der Reflexion auf, in dem die einzelnen Phänomene als Variablen innerhalb einer Konstellation erscheinen. Zu dem Gegenstandsbereich gehören: die technische Entwicklung der Medien, die Veränderung der Formgesetze der medialen Produkte wie der neuen Kunstformen, die Veränderung des Selbstverständnisses der Medienpraktiker, die Aneignung der Medien durch die Menschen und die ökonomische Bedingtheit des Medienwandels.

Eine wichtige Frage ist für ihn, wie die Ablösung älterer Künste durch solche funktioniert, die sich der neuen Medien bedienen. Für die Antwort versetzt er das ganze begriffliche Kraftfeld in Bewegung: »Es arbeitet [...] einmal die Technik auf eine bestimmte Kunstform hin. [...] Es arbeiten zweitens die überkommenen

Kunstformen in gewissen Stadien ihrer Entwicklung angestrengt auf Effekte hin, welche späterhin zwanglos von der neuen Kunstform erzielt werden. [...] Es arbeiten drittens [...] gesellschaftliche Veränderungen auf eine Veränderung der Rezeption hin, die erst der neuen Kunstform zugute kommt.« (I, 456 f.)

Statt monokausaler Erklärungen konstruiert Benjamin komplexe Zusammenhänge. Er missversteht die Mediengeschichte nicht technizistisch, sondern bettet sie in gesellschaftliche Zusammenhänge ein. Zwar sind die Menschen dem Zwang der neuen Medien ausgesetzt, sobald diese einmal in der Welt sind, andererseits liegt es aber auch an ihrer Aneignung der Medien, ob sie von der technischen Entwicklung überwältigt werden oder ob sie sie sich zunutze machen können.

In ganz besonderem Maße bezieht Benjamin seine Medientheorie auf die Geschichte der Wahrnehmung. Das Wahrnehmungsvermögen spricht er allen Menschen zu, doch dynamisiert er diese Kategorie in einer historischen Perspektive, indem er eine Pluralität und eine Historizität der Wahrnehmung konzipiert. Damit nimmt er Überlegungen vorweg, die heute in der historischen Anthropologie weiterentwickelt werden. Die Erschließung der Welt unterliegt also Veränderungen, die nicht erst auf der kognitiven Ebene einsetzen, sondern ganz basal auf der sinnlichen. Benjamins Rede von der Medialität umspannt schon diesen Bereich. Die Medien begreift er deshalb nicht als etwas Externes, vom Menschen Abgelöstes. Vielmehr reichen sie tief in die Bewusstseinsvorgänge hinein. Den – damals – neuen Medien wie Fotografie, Funk und Film wandte er sich seit den späten Zwanzigerjahren verstärkt zu.

Malerei und Fotografie in der Medienkonkurrenz

In der *Kleinen Geschichte der Photographie* (1931) geht Benjamin den Wandlungen nach, die die Konkurrenz zwischen Malerei und Fotografie für beide Bildmedien bedeutete. Die Entwicklung der Fotografie beschreibt er als Verlauf in mehreren Phasen. Die Frühzeit, also die Jahre nach der Erfindung der Daguerreotypie (1837), bestimmt er als ihre erste Blüte, auf die in der zweiten Hälfte des 19. Jahrhunderts eine Periode des Verfalls folgte, bevor dann um 1900 ein erneuter Aufschwung einsetzte.[74] Dabei löste die Fotografie bestimmte Formen der Landschaftsmalerei unter freiem Himmel ab und machte die gemalte Porträtminiatur überflüssig. Doch die frühe Porträtfotografie profitierte auch von der Malerei, denn viele Porträtmaler wechselten nun zur Fotografie über und brachten ihr malerisches und bildgestalterisches Können in das neue Medium ein. Gerade die doppelte Medienkompetenz dieser Generation im Übergang sei die Bedingung für die Blüte der frühen Porträtfotografie gewesen.

Auf der anderen Seite nahm die Malerei auch formale Prinzipien vorweg, die erst in der Fotografie vollständig ausgebildet werden konnten. Benjamin spricht von einem »Gesetz der Vorverkündung neuerer Errungenschaften in älterer Technik« (II, 376) und nennt als Beispiel das Schabkunstverfahren der im Niedergang befindlichen Porträtmalerei. In Gustave Courbet (1819-1877) erkennt er denjenigen Maler, der als Letzter versuchen konnte, die Fotografie zu überholen: »Courbets Epoche kannte weder die Groß- noch die Momentaufnahme. Seine Malerei zeigt ihr den Weg [...].« (III, 503) Nach ihm – im Impressionismus – sei das gemalte Bild dem neuen Medium aus dem Weg gegangen und habe sich der medialen Konkurrenz entzogen. Insgesamt handelt es sich also bei der Herausbildung neuer Medien und ihrer genuinen Formmerkmale um Prozesse, die sich weniger in Brüchen als in

Metamorphosen vollziehen. Die Ablösung geschieht nicht schlagartig, sondern in Überlagerungen vielfältigster Art, wobei sich sowohl das aufstrebende als auch das niedergehende Medium unablässig transformieren.

Einer Transformation ist auch das Zusammenspiel von technischen Entwicklungen und mentalitätsgeschichtlichen Faktoren unterworfen. Benjamin entziffert an der Entwicklung der Porträtfotografie eine Geschichte der Blicke, in der er die Wechselbeziehung von Mensch und Technik materialisiert sieht. Aus Scheu vor dem Fotografiertwerden blickten nämlich zunächst viele Aufgenommene nicht in den Apparat. Wer jedoch ein Porträt von sich machen lassen wollte, musste aufgrund der langen Belichtungszeiten eine Pose wählen und minutenlang in die Kamera schauen. Das Zeitmaß der frühen Aufnahmen war die Dauer, während die späteren Momentaufnahmen die gesamte Situation des Porträtierens – wie schließlich auch den Habitus der Modelle – veränderten. Aus der Frühzeit sind Quellen überliefert, die auch von einem Widerwillen sprechen, Fotos anzuschauen, auf denen die Porträtierten die Betrachter direkt ansehen. Derartige Verhaltensweisen verloren sich im Laufe der Zeit. Sie weisen einerseits darauf hin, dass die technischen Bedingungen bis hinein in die Formensprache der Bilder wirksam sind. Darüber hinaus verdeutlichen sie, dass sich im neuen Medium der Fotografie Aspekte magischen Verhaltens durchsetzten.

In der magischen Betrachtungsweise sieht Benjamin sogar das wesentlich Neue an der Fotografie. Das Porträt wird nicht in erster Linie als Artefakt, sondern gleichsam als beseelt wahrgenommen. Von einer porträtierten Unbekannten schreibt er, die längst Verstorbene sei »auch hier« – in der Fotografie – »noch wirklich« und werde »niemals gänzlich in die ›Kunst‹ [...] eingehen wollen« (II, 370). Das Porträt scheint einen Blick bzw. »Realität« zu transportieren, es scheint die Präsenz einer Person wieder herbeirufen zu können. Dies aber gilt für die Fotografie allgemein. Was sich gegenüber der Malerei verändert hat, ist der Eindruck, in der Fotografie werde Wirklichkeit dokumentiert, nicht inszeniert. Mächtiger als die Malerei löst die Fotografie einen vergegenwärtigenden und authentisierenden Effekt im Betrachter aus, der nun nach dem Hier und Jetzt sucht, »mit dem die Wirklichkeit den Bildcharakter gleichsam durchgesengt hat« (II, 371). Eine außerkünstlerische Referenz scheint in den Fotos gebannt zu liegen: So tauchen in der allerjüngsten, innovativsten Technik überwunden geglaubte, magische Anschauungsweisen wieder auf.[75]

Dieser Spur, die die neuen Wahrnehmungsweisen betrifft, folgt Benjamin noch in eine andere Richtung. In der Fotografie trete »an die Stelle eines vom Menschen mit Bewußtsein durchwirkten Raums ein unbewußt durchwirkter« (II, 371). Im Medium dokumentarischer Vergegenwärtigung begegnen die Betrachter ihrem eigenen Abbild auf neue Art. Mit der Großaufnahme zum Beispiel dringt die Fotografie in bislang ungesehene Bereiche der Wirklichkeit vor; der fotografische Apparat produziert eine neue Lesbarkeit der Welt. Der Realitätseffekt des Mediums Fotografie evoziert also neben der magischen noch eine weitere Wirkung. In Bezug auf das Bild vom Menschen wird etwas bislang Unzugehöriges als Zugehöriges anerkannt und in das Selbstbild integriert. Die Fotografie verändert die Selbstwahrnehmung.

Benjamin prägt in diesem Zusammenhang den Begriff des Optisch-Unbewussten. Der von Freud eingeführte Begriff des Unbewussten bezieht sich auf eine psychische Dimension, die der Wahrnehmung und dem Bewusstsein nicht unmittelbar zugänglich ist. Freud konnte mit seiner Theorie erklären, dass im menschlichen Verhalten unerkannte Effekte des Trieblebens wirken. Diese Erkenntnis nötigte den Zeitgenossen ein neues Selbstbild auf. Die Rationalität verlor ihre Stellung als Regentin des Seelenlebens. Zugleich entwickelte die Psychoanalyse eine Technik, mit der das

Unbewusste erkundet, gedeutet und domestiziert werden sollte. Ähnlich konstruiert Benjamin die neuen Möglichkeiten der Fotografie. In seinem Essay *Zum Bilde Prousts* (1929; II, 310-324) schreibt er: »Die Runzeln und Falten im Gesicht, sie sind die Eintragungen der großen Leidenschaften, der Laster, der Erkenntnisse, die bei uns vorsprachen – doch wir, die Herrschaft, waren nicht zu Hause [...].« (II, 321) Indem sie diese pathognomischen »Eintragungen« vergegenwärtigt, überführt die Fotografie das Optisch-Unbewusste in die Lesbarkeit. Sie konfrontiert die Betrachter mit ihrem unter Ausschluss der Ratio gelebten Leben und öffnet ihnen den Weg zu einem neuen Selbstverhältnis. Noch ausgeprägter als in der Fotografie sieht Benjamin diese Möglichkeiten im Film am Werk.[76]

Technische Reproduzierbarkeit und Aura

Die Brücke von der Fotografie zum Film schlägt er in seinem bekanntesten Aufsatz, *Das Kunstwerk im Zeitalter seiner technischen Reproduzierbarkeit*, der 1936 in der *Zeitschrift für Sozialforschung* erschienen ist und in mehreren Varianten vorliegt.[77] Obwohl er die Fotografie in der *Kleinen Geschichte* grundsätzlich positiv bewertet, lokalisiert Benjamin sie noch diesseits des Künstlerischen. Zum Film bekennt er sich dagegen im Kunstwerk-Aufsatz nachdrücklich als einer Kunst. Die unterschiedlichen Potenziale beider Medien ergeben sich aus ihrer Stellung zur technischen Reproduzierbarkeit, einem für Benjamin zentralen Phänomen, an dem er die Begriffe seines Textes ausrichtet.

Vervielfältigt wurden Kunstwerke schon immer; eine Kopie kann durch einfache manuelle Reproduktion erstellt werden. Das Zeitalter der *technischen* Vervielfältigung beginnt für Benjamin mit dem Holzschnitt und verläuft über den Buchdruck und die

Lithographie bis zur Fotografie und der Tonaufzeichnung – es mündet in den Tonfilm. Um 1900 setzt er einen qualitativen Einschnitt an. Hier habe die technische Reproduktion einen Standard erreicht, auf dem sie – erstens – »die Gesamtheit der überkommenen Kunstwerke zu ihrem Objekt zu machen [...] begann« (VII, 352), wodurch – zweitens – die überlieferten Kunstwerke gravierenden Veränderungen unterworfen worden seien und – drittens – die zeitgenössische Kunst sich verändert habe, indem die technische Reproduktion »sich einen eigenen Platz unter den künstlerischen Verfahrungsweisen eroberte« (VII, 352). Das gesamte Gefüge von Wahrnehmung, Kunstproduktion und -überlieferung wurde also umgewälzt.[78]

Benjamin analysiert in diesem Zusammenhang zwei Momente am Kunstwerk: seinen Kultwert und seinen Ausstellungswert. Der Kultwert stammt aus dem religiösen Gebrauch der frühesten Kunstobjekte, die hergestellt wurden, um im Gottesdienst eine magische Funktion zu erfüllen. Wahrgenommen werden sollten die Artefakte von den Göttern, nicht von den Menschen. Dies änderte sich mit dem Herauswachsen der Kunst aus dem Ritual. Die Werke wurden immer stärker für die öffentliche Betrachtung gemacht. Dadurch veränderte sich ihr Charakter. Benjamins These lautet nun: »die technische Reproduzierbarkeit des Kunstwerks emanzipiert dieses zum ersten Mal in der Weltgeschichte von seinem parasitären Dasein am Ritual« (VII, 356). Der Ausstellungswert drängt den Kultwert zurück und löst ihn tendenziell auf. Der Fundierung der Kunst auf das Ritual, hofft Benjamin, werde ihre Fundierung auf die Politik folgen.

An dieser Stelle kommt die durch Benjamins Aufsatz populär gewordene Aura ins Spiel, die unmittelbar mit der Analyse der technischen Reproduzierbarkeit zusammenhängt. Er bezieht sich in verschiedenen Texten auf sie[79], wobei die Implikationen des Begriffs changieren. Wie sich die Aura als Phänomen entzieht, so sträubt sie sich bei Benjamin auch gegen definitorische Festlegungen.[80] Durchgängig gültig aber bleibt die Bestimmung, dass die Aura des Kunstwerks dort erscheint, wo dessen Echtheit und Einmaligkeit gewährleistet ist. Damit steht die Aura in Opposition zur Reproduzierbarkeit, denn: »Der gesamte Bereich der Echtheit entzieht sich der technischen [...] Reproduzierbarkeit [...].« (VII, 352)

Das drückt auch jene Passage aus, die Benjamin als die Definition der Aura ankündigt (vgl. I, 479): »Was ist eigentlich Aura? Ein sonderbares Gespinst aus Raum und Zeit: einmalige Erscheinung einer Ferne, so nah sie sein mag [...].« (VII, 355; II, 378) Mit diesen Raum- und Zeitverhältnissen kommt er auf den Kultwert zurück: »Das *wesentlich* Ferne ist das Unnahbare. In der Tat ist Unnahbarkeit eine Hauptqualität des Kultbildes. Es bleibt seiner Natur nach ›Ferne so nah es sein mag‹« (I, 480). Als Vorbild für dieses Verhältnis dient das Heilige, das schon seit jeher als anwesend und entfernt zugleich gedacht wurde.

Der Reproduktion tritt das Original entgegen, das Benjamin aber nicht als etwas Statisches auffasst. Er schreibt: »Noch bei der höchstvollendeten Reproduktion fällt *eines* aus: das Hier und Jetzt des Kunstwerks – sein einmaliges Dasein an dem Orte, an dem es sich befindet [...].« (VII, 352) Mit dem »Hier und Jetzt« ruft Benjamin spezifische Raum- und Zeitverhältnisse auf, die zur Bestimmung des Originals gehören. Holzschnitzaltäre zum Beispiel wurden häufig für bestimmte Kirchen passgenau angefertigt. Sie waren nur an diesem Ort zu sehen. Und wenn man sie aus religiösen Gründen zeitweise verhüllte, blieben sie der Rezeption entzogen. Die Echtheit einer Sache bestimmt Benjamin in diesem Horizont; sie sei »der Inbegriff alles von Ursprung her an ihr Tradierbaren, von ihrer materiellen Dauer bis zu ihrer geschichtlichen Zeugenschaft« (VII, 353). Wurde der Schnitzaltar durch kriegerische Ereignisse beschädigt oder wurde er übermalt, weil sich die ästhetischen Präferenzen geändert hatten, so zeichnet sich an ihm selbst die Geschichte seiner Überlieferung ab.[81] Hinzu kommt, dass sich die rezipierende Öffentlichkeit verändert. Unterschiedlichen Wahrnehmungsweisen erscheint das Werk gleichsam in einem anderen Licht. Tradition ist, so Benjamin, »etwas ganz außerordentlich Wandelbares« (VII, 355). Wegen all dieser Faktoren denkt er das Original selbst als etwas Dynamisches und die an ihm erscheinende Aura als etwas Flüchtiges.[82]

Mehrdeutig bleibt bei Benjamin, inwiefern die Aura ein Naturphänomen oder der Kunst zugehörig sei. Sein einführendes Beispiel bezieht sich auf die Natur: »An einem Sommernachmittag ruhend einem Gebirgszug am Horizont oder einem Zweig folgen, der seinen Schatten auf den Ruhenden wirft – das heißt die Aura dieser Berge, dieses Zweiges atmen [...].« (I, 479) Indem die Aura hier den Bergen und Zweigen selbst zuzukommen scheint, trägt die Bestimmung einen substanzialistischen Akzent. Später verlagert ihn Benjamin; nun wiegt die unbewusste Projektion schwerer: »Die Erfahrung der Aura beruht [...] auf der Übertragung einer in der menschlichen Gesellschaft geläufigen Reaktionsform auf das Verhältnis des Unbelebten oder der Natur zum Menschen. Der Angesehene oder angesehen sich Glaubende schlägt den Blick auf. Die Aura einer Erscheinung erfahren, heißt, sie mit dem Vermögen belehnen, den Blick aufzuschlagen [...].« (I, 646 f.) Diese Belehnung kann sich im Prinzip an allem entzünden: an Wörtern, an Dingen, an Kunstwerken. Entscheidend ist, dass der Begriff der Belehnung die Spannung zwischen den objektiven und den subjektiven Momenten der Aura aufrecht hält. Die Aura erscheint nur dort, wo eine Konstellation von Faktoren zusammenwirkt; ihre begriffliche Konstruktion verlangt deshalb immer Verhältnisbestimmungen.

Mit der technischen Reproduzierbarkeit schwindet die Sphäre der Echtheit. Insbesondere durch die Fotografie können Reproduktionen von Kunstwerken an jedem Ort und zu jeder Zeit betrachtet werden. Und das hat Auswirkungen auf die Wahrnehmung. Benjamin formuliert, dass »deren ›Sinn für das Gleichartige in der Welt‹ so gewachsen ist, daß sie es mittels der Reproduktion auch dem Einmaligen abgewinnt« (VII, 355). Wo Reproduzierbarkeit herrscht und die jederzeitige Verfügbarkeit der Artefakte hervorbringt, verändert sie die Rezeption – auch die der auratischen Werke, deren singuläre Stellung untergraben wird. Die Aura, sagt Benjamin, verkümmert und verfällt.

Auf die Spitze getrieben besagt die Überlegung, wonach die Aura immer eine Verhältnisbestimmung verlangt, dass sie erst in dem Moment in ihrer Einzigartigkeit wahrgenommen werden kann, in dem diese historisch schon zu schwinden beginnt. Denn erst im Lichte der Reproduzierbarkeit wird der volle Gehalt des Einzigartigen erfahrbar. So gibt die Aura sich erst im Verschwinden zu erkennen. In einem bestimmten Sinne ist sie also schon immer vergangen.[83] Mit der frühen Porträtfotografie markiert Benjamin die zugehörige historische Schwelle: »Im flüchtigen Ausdruck eines Menschengesichts winkt aus den frühen Photographien die Aura zum letzten Mal [...].« (VII, 360) Jede Daguerreotypie war ein Unikat, man verwahrte sie in Etuis und zahlte hohe Preise für sie. Nach 1880 aber, als die Industrialisierung der Fotografie schon fortgeschritten war und die Bilder massenweise erstellt wurden, haben die Fotografen versucht, die verlorene Aura künstlich wieder aufleben zu lassen. (Vgl. II, 377)[84] Solche Praktiken lehnt Benjamin ab. Unter den Bedingungen der technischen Reproduzierbarkeit verlangt er von der Kunst vielmehr die Destruktion und die Zertrümmerung der Auraimitationen. Sein Verhältnis zur Aura läuft also nicht auf ein melancholisches Nachsinnen hinaus. Vielmehr sieht er in der Eliminierung des Kultwertes auch eine Chance. Diese utopischen Momente kennzeichnen seine Überlegungen zu dem neuen Medium Film.

Film

Der Frage, ob die Fotografie eine Kunst sei, weicht Benjamin aus. Immer wieder betont er, dass sie vor allem einen technisch-reproduktiven Akt vollziehe.[85] Folgerichtig bezeichnet er auch den Anteil der Fotografie am Film abwertend als eine »Kunstleistung«: »bei der Aufnahme im Filmatelier [...] ist schon das Reproduzierte kein Kunstwerk und die Reproduktion ihrerseits ist es ebensowenig« (VII, 364). Dennoch bringt die neue Reproduktionstechnik mit dem Film eine neue Kunstform hervor. Das Unterscheidende und das Produktive, das er diesem gegenüber der Fotografie zuspricht, liegt in der Kombination der Elemente: »Das Kunstwerk entsteht hier erst auf Grund der Montage [...].« (VII, 364) Während das Foto sich in einer einzigen Belichtung erschöpft und diesen Augenblick verewigt, schneidet der Filmemacher bewegte, in der Zeit ablaufende Szenen aneinander. Ohne Schnitt und Montage gäbe es das Produkt Film nicht; Filmkunst entsteht erst durch sie.

Analog verlegt Benjamin das künstlerische Potenzial der Fotografie nicht in ihren technisch-innovativen Bereich, als den er ja ihren Realitäts- und Authentizitätseindruck bestimmt hatte. Vielmehr favorisiert er eine »konstruktive Photographie« (II, 384), die dem übermächtigen Realitätsschein etwas entgegensetzt. Verwirklicht sieht er dies in John Heartfields Verwendung der Collagetechnik. Außerdem hält er für die künstlerische Arbeit mit der Fotografie die Bildbeschriftung für unabdingbar. Sie erst führe »als Zündschnur den kritischen Funken an das Bildgemenge« (III, 505) heran. Während das Foto sich sonst scheinbar ungebrochen auf die Wirklichkeit bezieht, zeigt es nun an sich selbst, dass es sich dieser Wirklichkeit technisch bemächtigte.

Der gleiche Effekt ist dem Film als Medium schon mitgegeben. Weil nur apparatgenerierte, also technisch reproduzierte Bilder in die Montage eingehen und diese Montage einen Umgang mit dem Material vollzieht, der im Schneideraum selbst auf die Technik angewiesen ist, stellt der Film für Benjamin die erste Kunstform dar, die restlos von der technischen Reproduktion erfasst, ja sogar aus ihr hervorgegangen ist: »Im Film haben wir eine Form, deren Kunstcharakter zum ersten Mal durchgehend von ihrer Reproduzierbarkeit bestimmt wird [...].« (VII, 361) An allen Bestandteilen des Films, von der Produktion bis zur Rezeption, verfolgt er nun, wie sich das neue Medium tradierte Formen aneignet und sie verändert.

So beeinflusst die Produktionsweise filmischer Kunstwerke die Arbeitsweise der Schauspieler, die nun nicht mehr im Theater, vor einem heterogenen Publikum agieren, sondern vor Fachleuten am Set. Diese überprüfen und bewerten das Spiel, während es stattfindet; die Schauspieler wiederholen die Szene, bis sie stimmt. Ihr Spiel wird zur Testleistung – sogleich korrigierbar und verbesserbar. Im Schneideraum kann dann eine beliebige Version der Einstellung montiert werden. Von ihren technischen Möglichkeiten her sind Filme also prinzipiell verbesserungsfähig. Und sie sind tendenziell unabschließbar, denn jederzeit könnte neues Material eingefügt werden. Diese technischen Voraussetzungen wurden übrigens nach Benjamins Tod weiter revolutioniert – durch die Digitalisierung kann spurlos Bildpunkt für Bildpunkt nachbearbeitet werden.

Der Film zerschlägt Benjamin zufolge außerdem das Rollenspiel. Die Einfühlung in Charaktere geht verloren, indem die Schauspieler nur noch Handlungsbruchstücke abliefern. Ihre Testleistung bieten sie einer Apparatur dar, wodurch völlig veränderte Ausdruckswerte nachgefragt werden. Die Detailaufnahme registriert noch die kleinsten mimischen Regungen; die großen Gesten des Theaters verschwinden. Nicht zuletzt geht in diesem Transformationsprozess die Aura des Spiels im Hier und Jetzt verloren.

Doch Benjamin trauert all dem nicht lange nach, sondern sucht nach utopischen Potenzialen in diesen Entwicklungen. Den Schauspielern weist er eine Modellfunktion zu. Während die Fabrikarbeiter die Erfahrung machen, der Technik ausgeliefert zu sein, soll der Schauspieler noch »im Angesicht der Apparatur seine Menschlichkeit beibehalten« (VII, 365). Damit experimentiert er mit einer emanzipierten Reaktion auf die Technik. Große Teile von Benjamins Emphase für den Film sind der Bestrebung geschuldet, mithilfe dieses Mediums ein neues Verhältnis zur Technik überhaupt zu finden. Er hält dies buchstäblich für überlebenswichtig, denn die losgelassene Technik, davon ist er überzeugt, mündet unweigerlich in den Krieg. Dieser trete den Beweis dafür an, dass »die Gesellschaft nicht reif genug war, sich die Technik zu ihrem Organ zu machen« (VII, 383). Als vorläufiges Ziel wäre ein Zustand anzustreben, in dem die Menschen nicht zu Instrumenten im blinden Selbstlauf der Technik degradiert wären, sondern im Gleichgewicht mit ihr stünden. (Vgl. VII, 375)[86]

Auch in die Rezeption greift der Film als Medium ein. Anders als die Fotografie wird er im Kino kollektiv und simultan konsumiert. Benjamin erkennt darin die Chance, ihn dem Urteil der fachmännischen Masse auszusetzen. Den Gedanken, dass im Zuge der medialen Entwicklung Rezipienten zunehmend zu Produzenten werden könnten, entwickelt er in dem Vortrag *Der Autor als Produzent* (1934). Unter veränderten politischen Verhältnissen würden die Menschen sich an den öffentlichen Angelegenheiten beteiligen. In dieser Hinsicht würden sie zu Fachleuten und wüchsen in die Autorschaft hinein. Aus Lesern und Zuschauern werden Mitwirkende. Für Benjamin ist dabei entscheidend, dass nicht nur die politische Einstellung, also die Tendenz, den neuen Status der Autorschaft begründet, sondern auch die Weiterentwicklung der technischen Partizipationsmöglichkeiten. Gerade dieser Aspekt überzeugt ihn an Brechts epischem Theater, und er erkennt ihn auch im Film wieder.

Wo immerwährend und überall Bilder zirkulieren, ändert sich das Verhältnis der Menschen zu ihrem eigenen Bild tiefgreifend. Heute hat jeder Einzelne, so Benjamin, »einen Anspruch, gefilmt zu werden« (VII, 371). Dies aber nicht, um – wie im bürgerlichen Zeitalter – mit den Fotos einen individuellen Kult der Erinnerung zu treiben. Vielmehr steigert der Film den Eindruck des von der Fotografie hervorgerufenen Optisch-Unbewussten noch und provoziert dadurch jenes neuartige Sehen, für das Benjamin im Surrealismus-Essay den Terminus »profane Erleuchtung« prägte. Wie schon erwähnt, konstruiert er dort eine dialektische Optik, »die das Alltägliche als undurchdringlich, das Undurchdringliche als alltäglich erkennt« (II, 307). Als eine der Dimensionen des Undurchdringlichen muss das Unbewusste benannt werden. Im Film tritt der Masse auf vielfache Weise ihr eigenes Unbewusstes entgegen. Wenn etwa im russischen Revolutionsfilm Schauspieler durch Laien ersetzt werden, wenn also die Arbeiter sich selbst spielen, so steht hier nicht mehr das Individuum oder der Star im Vordergrund, sondern der soziologische Typus und seine verborgenen Bewegungsgesetze. Indem der Film diese freilegt, unterstützt er das revolutionäre gesellschaftliche Experiment.

Darüber hinaus wirkt sich die Veränderung der Rezeption durch das Medium Film in dem basalen, physiologischen Bereich der Wahrnehmung aus. Die Montage konfrontiert die Zuschauer mit wechselnden Kamerastandpunkten. Kontemplation wie vor einem Gemälde ist unmöglich: »In der Tat wird der Assoziationsablauf dessen, der diese Bilder betrachtet, sofort durch ihre Veränderung unterbrochen. Darauf beruht die Chockwirkung des Films [...].« (I, 503) Zunächst ersetzt der Film die Rezeptionshaltung der Versenkung durch die der Ablenkung und Zerstreuung. Ferner überfordert er unablässig den Wahrnehmungsapparat, indem er Schocks verabreicht. Doch Benjamin macht sich auch an dieser Stelle kulturkonservative Positionen nicht zu Eigen. Vielmehr sucht er die noch ungenutzten Potenziale auf, die er im Zusammenhang mit der neuen Technik entstehen sieht. So kann er den Kinogang als eine Übung deuten, die dazu führe, das Wahrnehmungsvermögen des Kollektivs mit dem Stand der avanciertesten Technik zu synchronisieren. Erst dies wäre die Voraussetzung für einen kreativen Umgang mit der Technik.

Sogar therapeutische Qualitäten spricht Benjamin dem Film hier zu; er könne jene Gefahren für das Seelenleben mindern, die die zunehmende Auslieferung der Menschen an die Technik mit sich bringe. Chaplin und Mickymaus versteht er als eine Art Impfung. Indem brutale Fantasien zunächst hervorgerufen und dann kollektiv verlacht werden, immunisierten sich die Betrachter gewissermaßen gegen die Versuchung, solche Fantasien in der Realität auszuleben. Dies zeigt – nebenbei gesagt – auch, dass Benjamin den Mainstreamfilm nicht einfach verwirft und zum Beispiel gegen den Avantgardefilm ausspielt. Vielmehr nimmt er die Erzeugnisse der Massenkultur ernst und versucht, die Faszination zu ergründen, die sie auf das Publikum ausüben.

Die angesprochenen Rezeptionsphänomene leitet Benjamin aus den technischen Voraussetzungen ab. Demnach müsste *jeder* Film Wahrnehmungsschocks auslösen. Dem stehen aber gerade in Bezug auf die Montage unterschiedliche filmische Verfahrensweisen entgegen. Benjamin entnimmt seine Beispiele häufig russischen Revolutionsfilmen, die von Eisenstein, Vertov oder anderen Kinopionieren in den Zwanzigerjahren gedreht wurden. An seiner Besprechung von Vertovs *Ein Sechstel der Erde* wird deutlich, welche Art der Montage er favorisiert: »In Bruchteilen von Sekunden folgen einander Bilder aus Arbeitsstätten (kreisende Kolben, Kulis bei der Ernte, Transportarbeiten) und aus Genußstätten des Kapitals (Bars, Dielen, Klubs). Gesellschaftsfilmen der letzten Jahre hat man einzelne, winzige Ausschnitte [...] entnommen und so montiert, daß ununterbrochen sie zwischen Bilder fronender

Proletarier sich schieben. Leider läßt der Film dieses Schema schnell fallen, um einer Beschreibung der russischen Völker und Landschaften sich zu widmen [...].« (II, 748)

Die Entgegensetzung von filmischer Beschreibung und Montage zeigt, dass es bei Benjamin einen Unterschied zwischen der Montage im technischen und der im emphatischen Sinne gibt. Mitunter trennt er beides nicht hinreichend voneinander. Bestimmte Anwendungen der Montage tragen nämlich zur Verfestigung von Sichtweisen bei, indem sie existierende Schnittkonventionen stützen.[87] An den damit verbundenen Restriktionen des Sehens könnte eine Kritik des Hollywood-Kinos ansetzen, die Benjamin in Bezug auf die Montagepraxis nicht führt. Kaum ein Film kommt ohne Schnitte aus; produktiv gewendet wird das neue Medium aber nur dort, wo die Filmemacher die technischen Möglichkeiten der Montage ausschöpfen, um über tradierte narrative Muster hinauszugehen und neue Wahrnehmungszusammenhänge zu kreieren.

Montage ist nicht aus sich heraus revolutionär.[88] Doch wo sie die überlieferte Sicht von der Welt destruiert und die disparaten, aus dem Zusammenhang gerissenen Teile produktiv montiert, entstehe mit dem Film »eine neue Region des Bewußtseins« (II, 752). Auch dieses in technischer Hinsicht vollständig reproduktive Medium kann also neue Erfahrungen freisetzen. Benjamins Beispiele zeigen, dass dies nicht nur geschieht, weil überhaupt montiert wird, sondern vielmehr weil bestimmte Sequenzen auf bestimmte Art zueinander geschnitten werden. Damit trägt zuletzt auch die fotografische Dimension des Films zu dessen innovativer Verfahrensweise bei. Das »revolutionäre Potenzial« der Montage beruht nicht zuletzt auf der mimetischen Kraft der montierten Einstellungen.[89] Benjamin fasst dies prägnant zusammen, wenn er schreibt, der Film sei

»[...] das einzige Prisma, in welchem dem heutigen Menschen die unmittelbare Umwelt, die Räume, in denen er lebt, seinen Geschäften nachgeht und sich vergnügt, sich faßlich, sinnvoll, passionierend auseinanderlegen. An sich selber sind diese Büros, möblierten Zimmer, Kneipen, Großstadtstraßen, Bahnhöfe und Fabriken häßlich, unfaßlich, hoffnungslos traurig. [...] der Film [...] hat dann diese ganze Kerkerwelt mit dem Dynamit der Zehntelsekunde gesprengt, so daß nun zwischen ihren weitverstreuten Trümmern wir weite, abenteuerliche Reisen unternehmen. [...] der sprunghafte Wechsel des Standorts bewältigt ein Milieu, das jeder anderen Erschließung sich entzieht [...].« (II, 752)

Hier wäre der Punkt erreicht, an dem das Ausgeliefertsein an das neue Medium und an dem die Überwältigung durch die Technik überwunden wären. Zweifellos betreibt der Film die Zertrümmerung der Aura. Benjamin stellt das als eine Befreiung dar; die Destruktion eröffnet einen Wahrnehmungsspielraum.[90] Zugleich setzt sie die Welt neu zusammen, sie gibt bislang ungesehene Seiten der Wirklichkeit frei. Müsste also gesagt werden, dass auch der Film den stummen Dingen eine Sprache gibt, dass sie in ihm unseren Blick auf neue Art erwidern? Dann aber sollte noch in jenen künstlerischen Verfahrensweisen, die im Medium der technischen Reproduzierbarkeit agieren, ein auratisches Moment veranschlagt werden.[91]

Alle produktiven Potenziale, alle »revolutionären Chancen«, die Benjamin am Film erkennt, sieht er aber durch dessen kapitalistische Vereinnahmung bedroht. Nicht nur wehre diese den legitimen Anspruch ab, den jeder Einzelne auf Reproduzierbarkeit habe. Auch stünden Starkult und Kultus des Publikums dem entschlossenen emanzipativen Handeln inmitten des neuen Mediums entgegen: »Alles das, um das [...] berechtigte Interesse der Massen am Film – ein Interesse der Selbst- und somit auch der Klassenerkenntnis – auf korruptivem Weg zu verfälschen [...].« (VII, 372) Solche Vereinnahmung des Films befördere zuletzt den

Faschismus; Benjamin verlangt deshalb die Enteignung des Filmkapitals.

5. Geschichtstheorie

Am 30.1.1933 übernahm Hitler als Kanzler die Macht; nach dem von ihm inszenierten Brand des Reichstags am 27.2.1933 begannen die Nationalsozialisten mit Massenverhaftungen von Oppositionellen. Benjamin verließ das Land Mitte März in Richtung Paris. Dort erfuhr er, dass sein Bruder Georg, der zuvor als Arzt und kommunistischer Abgeordneter in einem Berliner Bezirk gearbeitet hatte, verhaftet und in ein Konzentrationslager gesteckt worden war. Kurzzeitig entlassen und 1934 erneut interniert, kam er 1942 in Mauthausen um. Obwohl Walter Benjamin nicht so exponiert war wie Georg, musste er als Linksintellektueller und als Jude damit rechnen, denunziert und verhaftet zu werden. Doch nicht nur wegen dieser Bedrohung von Leib und Leben verließ er Deutschland. Schon seit einiger Zeit waren seine Publikationsmöglichkeiten auf ein Minimum geschrumpft. In vorauseilendem Gehorsam schlossen der Rundfunk und viele Zeitungen, in denen Benjamin regelmäßig veröffentlicht hatte, ihn schon vor 1933 von der Mitarbeit aus. Mit Hitlers Machtantritt wurde ihm die ökonomische Existenzgrundlage vollends entzogen.

Im Exil konnte er seine Tätigkeit als Publizist kaum wieder aufnehmen, denn das deutschsprachige Publikum war ihm weitgehend abhanden gekommen. Mit der kommentierten Briefesammlung *Deutsche Menschen* (IV, 149-233), die er in der Schweiz unter Pseudonym in Druck gab und die zunächst noch im Deutschen Reich verkauft werden konnte, schickte er ein Dokument der Aufklärung in den faschistischen Einflussbereich. Doch solche Subversionen blieben Ausnahmen. Ansonsten war Benjamin auf das Publikum im Ausland angewiesen. Und obwohl er vorzüglich Französisch sprach, entschied er sich für die weitere Arbeit auf Deutsch. Dies zeigt einmal mehr den hohen Stellenwert, den er der Spracharbeit für die eigenen Texte zumaß. Diese grundsätzliche Entscheidung hatte allerdings zur Konsequenz, dass sein Publikum im Wesentlichen auf die Emigrantenkreise beschränkt blieb. Sein Bekanntheitsgrad tendierte gegen null. Zu den Freunden aus dieser Zeit zählen Hans Sahl, Stephan Lackner, Gisèle Freund und Hannah Arendt.[92]

Während des gesamten Exils kämpfte Benjamin um sein ökonomisches Überleben. Werk für Werk rang er dem Existenzminimum ab. Dennoch entstanden wichtige Essays, 1934 zum Beispiel der über *Franz Kafka* (II, 409-438). Zu einer finanziellen Stütze wurde ihm das nach Paris, später nach New York emigrierte Institut für Sozialforschung. Unter dem Direktor Max Horkheimer und durch die Vermittlung Adornos erhielt er einige Aufträge für Abhandlungen. Vor allem aber waren Horkheimer und Adorno bereit, Benjamins umfangreichstes Projekt finanziell zu unterstützen: das *Passagen-Werk.*

Passagen

Das *Passagen-Werk* war als eine Geschichte der Stadt Paris im 19. Jahrhundert geplant. Mit Unterbrechungen arbeitete Benjamin von 1927 bis 1940 an ihm. Es blieb jedoch Fragment. Dass es in Paris die Okkupation überstand und gerettet werden konnte, ist Georges Bataille zu verdanken, der das Manuskript 1940 in der Bibliothèque Nationale versteckte. Erst 1982 konnte es erstmals erscheinen. Dem *Passagen-Werk* galt der größte Teil von Benjamins Arbeitskraft während des Exils. Viele von den in dieser Zeit publizierten Arbeiten stehen in direkter Verbindung mit ihm – etwa die Studien über Baudelaire sowie der Essay *Eduard Fuchs, der Sammler und der Historiker* (1937; II, 465-505). Seine letzte Arbeit, *Über den Begriff der Geschichte* (1940; I, 691-704), bringt zentrale Motive des *Passagen-Werks* in die äußerste Zuspitzung. Insgesamt wandte sich Benjamin in dieser Phase Fragen der Geschichtsschreibung zu. Einerseits überdachte er deren Prinzipien, indem er etwa die Begriffe der Überlieferung und der Erinnerung problematisierte, andererseits suchte er nach einer alternativen Praxis der Geschichtsschreibung.

Seine Arbeit am *Passagen-Werk* kann grob in drei Abschnitte eingeteilt werden.[93] In der ersten Phase, von der Mitte der Zwanzigerjahre bis 1929, bildeten der Surrealismus und die Zusammenarbeit mit Franz Hessel wichtige Einflüsse. Die zweite Phase begann 1934 im Exil, wo Benjamin sein Verständnis von materialistischer Geschichtsschreibung weiterentwickelte und die Sichtung und Sammlung der für das Werk wichtigen Quellen ausweitete. In der dritten Phase, von 1937 bis 1940, trieb er die Arbeit am Material voran, jedoch zentrierte er sie nun auf die Auseinandersetzung mit Baudelaire.[94] In der zweiten Phase gab er seiner Material- und Kommentarsammlung eine neue Ordnung, die er dann im Wesentlichen beibehielt. Er gliederte das Korpus nach Konvoluten, die jeweils unter einer Überschrift stehen. Außerdem entwarf er ein System aus unterschiedlichen Farben und Symbolen, mit dem er die einzelnen Einträge kennzeichnete. Wie in den heutigen Datenbanken stellte er die Einträge auf diese Art in unterschiedliche Zusammenhänge. Damit entwickelte er ein kombinatorisches Verfahren, das als prinzipiell offen und tendenziell unabschließbar gelten muss.

Die Einträge bilden vor allem Zitate aus Werken der von Benjamin durchgearbeiteten Primär- und Sekundärliteratur sowie seine eigenen Kommentare und Gedankensplitter. Das *Passagen*-

Werk existiert nur als ein Steinbruch von Fragmenten unterschiedlichster Herkunft. Aus ihm löste Benjamin immer wieder einzelne Elemente heraus und schmolz sie für seine Essays in je neue Konstellationen um. Dabei legt das Material keineswegs die Gestalt des späteren Textes fest. Vielmehr fixiert der Text die in einem bestimmten historischen Moment aktuelle Konstellation von überlieferter Quelle und aneignender Subjektivität. Das macht ihn zu einer besonderen, distinkten Form des Aufeinandertreffens von Vergangenheit und Gegenwart.

Benjamin rückt die Passage thematisch in den Mittelpunkt, weil sich in ihr einige für seine Geschichtsbetrachtung zentrale Momente exemplarisch vereinigen. Die Passage ist eine architektonische Form, die sich im 19. Jahrhundert in den Metropolen durchsetzte. Wie die heutige Ladenpassage diente sie den Inhabern der Geschäfte auch damals zur Präsentation ihrer Waren in einem überdachten, geschützten Raum. Öffentlich zugänglich und doch abgetrennt von der übrigen Stadt, mit Dächern aus Glas versehen, changierte sie zwischen Innen- und Außenraum. Die Auslagen der Waren regten zum Flanieren an und animierten zum Kaufen. Somit boten die Passagen dem an die Macht gelangten Bürgertum einen passenden Rahmen für seine spezifische Lebensform. Dass die Baukunst hier mit dem Lebensvollzug verschmilzt, gehört wesentlich zur benjaminschen Bestimmung der Passage als eines Erfahrungsraumes hinzu. Gegen Ende des 19. Jahrhunderts gerieten die Passagen aus der Mode und wurden zum Teil abgerissen.

Während im beginnenden 20. Jahrhundert das Interesse an ihnen erlischt, beginnt Benjamin sich für sie zu interessieren. Damit folgt er einer »erstaunlichen Entdeckung« der Surrealisten, die zuerst auf »die revolutionären Energien, die im ›Veralteten‹ erscheinen« (II, 299), gestoßen seien. Die Phase des Veraltens, in der ein Jetzt zu einem Jüngstvergangenen wird, erfüllt eine wichtige

Funktion für die Betrachtung der Geschichte. Erst jetzt erscheint – und gelangt zur Lesbarkeit –, was zuvor unbewusst gelebt wurde: dass wir mit einer Mode mitgeschwommen sind, wird uns in der Regel erst deutlich, sobald sie vorübergegangen ist. Die Passage, als ein Relikt aus dem 19. Jahrhundert, setzt eine ähnliche Betrachtungsweise frei. Neben der architektonisch-räumlichen Dimension enthält die Erfahrung der Passage also auch eine zeitliche. Über die individuellen Geschichten hinaus können an ihr auch die kollektiven des saturierten Bürgertums entziffert werden.[95]

Als einen Pionier dieses Blicks nennt Benjamin Louis Aragon, dessen Prosa *Le Paysan de Paris* (Der Bauer von Paris; 1926) ihn – wie er Adorno gesteht – derartig bewegte, dass er davon »des abends im Bett nie mehr als zwei bis drei Seiten lesen konnte, weil mein Herzklopfen dann so stark wurde, daß ich das Buch aus der Hand legen mußte« (ABB, 117 f.). Aragon liest aus den Passagen eine surrealistische Traumwelt heraus. Er entbindet an den jüngst veralteten Relikten deren mythologische Ladung. Was bis vor kurzem noch als fortschrittlich und modern galt, erscheint nun in seinen zeitlichen Befangenheiten. Die Teilhabe der Moderne an überkommenen Deutungssystemen – ihre Verstrickung in eine moderne Mythologie – wird sichtbar.

Benjamin greift diesen Befund in mehreren Hinsichten auf. So bezieht er ihn einerseits auf die kapitalistische Warengesellschaft, in der er religiöse Mechanismen am Werk sieht. Schon früh formuliert er in aller Deutlichkeit, dass der Kapitalismus »eine reine Kultreligion« sei, »vielleicht die extremste, die es je gegeben hat. Es hat in ihm alles nur unmittelbar mit Beziehung auf den Kultus Bedeutung [...].« (VI, 100) Er begreift die Passagen als »Tempel des Warenkapitals« (V, 86) und analysiert das Übergreifen der Warenförmigkeit auf den menschlichen Körper und auf die sozialen Beziehungen. An der Prostitution macht er dies im Extrem deutlich. Kein brauchbares Ding und keine nutzbare Eigenschaft der Menschen entgehen dem universellen Verwertungsgebot. Und dieser Systemzwang des Kapitalismus findet nach Benjamin seinen Ausdruck in den Einstellungen der Menschen, etwa in dem Kult, mit dem die Waren behandelt werden.

Für die Geschäftsbeziehung zwischen dem Kunden und der Prostituierten gilt nun aber, dass auf der Seite des Kunden das Geschäftliche überlagert wird von dem Bedürfnis, über die reine Geschäftsbeziehung hinauszugehen. Zur erfolgreichen Vermarktung gehört hier also die Evokation einer Vorstellung von Liebe – oder von ähnlichen Faktoren – hinzu. Gelingt dies, so gilt: »Die Liebe zur Prostituierten ist die Apotheose der Einfühlung in die Ware [...].« (V, 637) Solche Vorstellungswelten, die mit den Waren verbunden werden, sind für Benjamins Analysen des 19. Jahrhunderts von zentraler Wichtigkeit. Mit dem Veralten der Waren gelangen sie nämlich zur Lesbarkeit. Dabei zeigt sich, dass in die Waren die in einer Gesellschaft kursierenden Traum- und Wunschpotenziale eingearbeitet wurden. In diesen ökonomisch-ideologischen Formen liegen also Verbindungen vor, in denen Neues und Altes miteinander verschmelzen.

Die veränderte Wahrnehmung der großstädtischen Lebenswelt, die die Surrealisten neugierig und erfahrungshungrig freilegten, bedeutet für das *Passagen-Werk* einen wichtigen Impuls. Doch Benjamins Intention unterscheidet sich vom Surrealismus dadurch, dass er sich weniger als einen Künstler, sondern in erster Linie als einen materialistischen Historiker versteht. Entsprechend grenzt er sich von Aragon ab: »Während bei Aragon ein impressionistisches Element bleibt – die ›Mythologie‹ – [...] geht es hier um Auflösung der ›Mythologie‹ in den Geschichtsraum [...].« (V, 571) Dafür bindet er die surrealistische Wahrnehmung an ein konstruktiv-analytisches Moment; das Traumbewusstsein der Surrealisten integriert er in eine Theorie der Produktion kollektiver Bilder und Phantasmen. In komprimierter Form formuliert Benjamin seine Thesen über das Zusammenspiel des phantasmatischen Mechanismus mit der Abfolge der Zeiten im Exposé von 1935:

> »Der Form des neuen Produktionsmittels, die im Anfang noch von der des alten beherrscht wird (Marx), entsprechen im Kollektivbewußtsein Bilder, in denen das Neue sich mit dem Alten durchdringt. Diese Bilder sind Wunschbilder und in ihnen sucht das Kollektiv die Unfertigkeit des gesellschaftlichen Produkts sowie die Mängel der gesellschaftlichen Produktionsordnung sowohl aufzuheben wie zu verklären. Daneben tritt in diesen Wunschbildern das nachdrückliche Streben hervor, sich gegen das Veraltete – das heißt aber: gegen das Jüngstvergangene – abzusetzen. Diese Tendenzen weisen die Bildphantasie, die von dem Neuen ihren Anstoß erhielt, an das Urvergangne zurück. In dem Traum, in dem jeder Epoche die ihr folgende in Bildern vor Augen tritt, erscheint die letztere vermählt mit Elementen der Urgeschichte, das heißt einer klassenlosen Gesellschaft. Deren Erfahrungen, welche im Unbewußten des Kollektivs ihr Depot haben, erzeugen in Durchdringung mit dem Neuen die Utopie, die in tausend Konfigurationen des Lebens, von den dauernden Bauten bis zu den flüchtigen Moden, ihre Spur hinterlassen hat [...].« (V, 46 f.)

Dem Jetzt und dem Jüngstvergangenen fügt Benjamin hier noch das Urvergangene sowie eine utopisch-zukünftige Dimension hinzu. Erst inmitten dieses Zeitengefüges können jene revolutionären Energien, die im Veralteten aufgespürt wurden, produktiv entwickelt werden. In einer für Benjamins Geschichtsdenken charakteristischen Bewegung fällt die Rückwendung zu dem, was in früheren, längst vergessenen Vergangenheiten beschlossen liegt, mit der Orientierung auf eine radikal neuartige, revolutionäre Zukunft zusammen: Der »Seherblick entzündet sich an den immer tiefer ins Vergangene hinschwindenden Gipfeln der früheren heroischen Menschengeschlechter« (II, 578). In diesem Gedanken, dass solche Rückwendung in die Vergangenheit die Zukunft befördere, liegt der geschichtsphilosophische Impuls von Benjamins historiographischen Anstrengungen. Denn die Erforschung des Vergangenen dient ihm nicht zur positivistischen Erfassung irgendwelcher Jahreszahlen oder Abläufe, sondern sie treibt die Vergegenwärtigung des geschichtlich Unabgegoltenen voran. Damit sind zum Beispiel die nicht realisierten Wünsche und Träume gemeint, zugleich aber auch die namenlosen Opfer der sozialen Katastrophen, deren Schicksal nicht in Vergessenheit geraten soll.

Die Vergegenwärtigung der Vergangenheit begreift Benjamin als einen interessegeleiteten Akt. Sein Historiker steht nicht in scheinbarer Objektivität über der Vergangenheit. Bestimmte Vergangenheiten – nämlich solche, die ihn selbst betreffen – interessieren ihn mehr als andere. Ihnen widmet er sich vorrangig; in ihre Vergegenwärtigung bringt er einen persönlichen Einsatz an Erinnerungen und Erfahrungen ein. Deshalb verlangt ihm die Geschichtsschreibung eine eigene Positionierung ab – und deshalb entscheidet die Auseinandersetzung mit der Vergangenheit auch über seine zukünftige Orientierung mit. Neben der kollektiven interessiert Benjamin daher gleichermaßen die individuelle Dimension der Vergangenheit. Greift er im *Passagen-Werk* die kollektive Geschichte des Bürgertums im 19. Jahrhundert auf, so widmet er die *Berliner Kindheit um 1900* jenen Bildern, »in denen die Erfahrung der Großstadt in einem Kinde der Bürgerklasse sich niederschlägt« (VII, 385) – und damit seinen individuellen Erinnerungen.[96]

Beide Dimensionen aktualisieren eine weitere Bedeutung des Wortes »Passage«. Indem sich jemand der eigenen kollektiven und individuellen Vergangenheit interessiert zuwendet, begibt er sich in einen Erfahrungsraum, der ihn verändern könnte. Die Passage wird hier als ein Übergangsbereich gedacht, den Benjamin auch mit dem Bild der Schwelle fasst.[97] Diese sei von der Grenze »schärfstens zu unterscheiden. Die Schwelle ist eine *Zone.* Und zwar eine Zone des Überganges [...].« (V, 1025) Benjamin greift den von der Ethnologie geprägten Begriff der »rites de passage« – der Übergangsriten – auf, der jene Zeremonien meint, »die sich an Tod, Geburt, an Hochzeit, Mannbarwerden etc. anschließen« (V, 617), und wendet ihn auf moderne Gegebenheiten an.

Deutliche Parallelen weist die Rückwendung auf die individuelle Vergangenheit auch zu dem Verfahren der Psychoanalyse auf[98], wo das Auffinden, Bewusstmachen und Neugruppieren der verschütteten Erinnerungen heilende Kraft entfaltet und das Individuum verändert. Benjamin verschiebt jedoch den Akzent. Ihn interessiert eher das Erinnern eines anderen, mimetisch geprägten Verhältnisses zu der Welt und den Dingen, das den Erwachsenen weitgehend abhanden gekommen sei. Hierbei erfüllt Prousts Verfahren der unwillkürlichen Erinnerung (mémoire involontaire) eine wichtige Funktion, indem sie Situationen und Erfahrungen vergegenwärtigt, die schon vergessen waren, sodass ein erneutes Durchleben dieser Momente möglich wird. Diese Verjüngung durch Erinnerung nutzt Benjamin, um einen veränderten Blick auf die Lebenswelt freizusetzen. Jedoch bemerkt er auch das »tödliche Spiel«, auf das Proust sich eingelassen habe, indem dieser sich dem Sog der Vergegenwärtigung überließ. Über die Gefahr des Erinnerns schreibt Benjamin: »Wer einmal den Fächer der Erinnerung aufzuklappen begonnen hat, der findet immer neue Glieder, [...] kein Bild genügt ihm, denn er hat erkannt: es ließe sich entfalten, in den Falten erst sitzt das Eigentliche: jenes Bild, jener Geschmack, jenes Tasten um dessentwillen wir dies alles [...] entfaltet haben; und nun geht die Erinnerung vom Kleinen ins Kleinste [...] und immer gewaltiger wird, was ihr in diesen Mikrokosmen entgegentritt [...].« (VI, 467 f.)

Wie Benjamin sich vom surrealistischen Verharren im Traumbereich abgrenzt, indem er »die Kräfte des Rausches für die Revolution [...] gewinnen« (II, 307) möchte, so tritt er auch der Verabsolutierung des proustischen unwillkürlichen Erinnerns entgegen. Dazu bindet er die Vergegenwärtigung von Kindheitserinnerungen in das für sein Geschichtsdenken charakteristische Zeitenverhältnis ein. Der Erinnernde holt das Erinnerte nicht nur zurück, sondern er erkennt auch »eine neue und befremdliche Gliederung« in ihm. Weil hier keine mythische Wiederholung vorliegt, in der das Vergangene unverändert wieder auflebte, sondern ein verändertes Verhältnis zum Vergangenen mitproduziert wird, zeichnen sich in dem neu strukturierten Bild »die Linien des Kommenden« (VI, 471) ab. Auch hier erscheint also mit der Rückwendung ins Vergangene das Potenzial der Zukunft.

Bevor diese Zukunft allerdings revolutionäre oder messianische Dimensionen annehmen kann, müsste die Vergegenwärtigung des Vergangenen in einem unausdenkbaren Maße gesteigert werden. An Proust und an Kafka arbeitet Benjamin die Verwobenheit des Erinnerns und des Vergessens heraus. Das Vergessene fasst er im Kafka-Essay in das Bild der Last, die den Menschen auf dem Rücken liegt, sie niederdrückt und sie vom aufrechten Gang – vom Gebrauch ihrer Freiheit – abhält. Sie können diese Last nicht sehen, dennoch bestimmt sie jede ihrer Bewegungen mit. Entscheidend ist für Benjamin, dass das Vergessene in verschiedenen Bereichen fortwirkt: »Das Vergessene [...] ist niemals ein nur individuelles. Jedes Vergessene mischt sich mit dem Vergessenen der Vorwelt, geht mit ihm zahllose, ungewisse, wechselnde Verbindungen zu immer wieder neuen Ausgeburten ein [...].« (II, 430) Vergessen sind Teile der Individual- und Kindheitsgeschichte, vergessen ist aber auch unser stammesgeschichtliches, vorhumanes Erbteil; und vergessen sind schließlich jene kollektiven historischen Prozesse, die das aktuelle Zusammenleben prägen. Um gegen diese Hypotheken einen radikalen Begriff von Freiheit akzentuieren zu können, müsste die Durcharbeitung der Vergangenheit zur unendlichen Aufgabe erklärt werden. In diesem Sinne entwickelt Benjamin im Kafka-Essay das Konzept des Studiums: »Denn es ist ja ein Sturm, der aus dem Vergessen herweht. Und das Studium ein Ritt, der dagegen angeht [...].« (II, 436) Neben dem Studium ruft er weitere Strategien auf, wie zum Beispiel das listige Außerkraftsetzen von Situationsdefinitionen, das in Kafkas Parabeln immer wieder begegnet.

Doch nicht jedes Erinnern errettet das Vergessene; mitunter verdrängt es dieses sogar: »jeder Tag löst mit [...] zweckverhaftetem Erinnern das Geflecht, die Ornamente des Vergessens auf« (II, 311). Für das nicht vorab zweckgebundene Erinnern prägt Benjamin den Begriff des Eingedenkens. Während Prousts unwillkürliches Eingedenken dem Subjekt plötzlich und ungeplant widerfährt, steht bei Benjamin durchaus ein Willensakt, also die Intention des Erinnerns, am Beginn des Eingedenkens. Worauf es dann stoßen mag, darf vorab keinesfalls beschränkt werden. In der *Berliner Chronik* entwickelt er in einem Bild das Zusammenspiel von Intentionalität, Technik und Zufall im Erinnern. Das Gedächtnis sei »das Medium des Erlebten wie das Erdreich das Medium ist, in dem die toten Städte verschüttet liegen. Wer sich der eigenen verschütteten Vergangenheit zu nähern trachtet, muß sich verhalten wie ein Mann, der gräbt. [...] gewiß bedarf es, Grabungen mit Erfolg zu unternehmen, eines Plans. Doch ebenso ist unerläßlich der behutsame, tastende Spatenstich ins dunkle Erdreich [...]. Das vergebliche Suchen gehört dazu so gut wie das glückliche [...].« (VI, 486 f.; vgl. IV, 400 f.)

Alle genannten Faktoren kehren bei Benjamin in der Reflexion auf die Geschichtsschreibung wieder, die als die Erinnerung an die Vergangenheit des Gemeinwesens angesprochen werden kann. Wenn Benjamin mit dem *Passagen-Werk* die »Urgeschichte des 19ten Jahrhunderts« (ABB, 119) schreiben möchte, so richtet er seinen Blick auf jenes Vergessene, das in den Erzeugnissen aus dieser Zeit unbeachtet gebunden liegt. Zugleich wendet er sich gegen die etablierte Geschichtswissenschaft, der er vorwirft, sie gehe selbstvergessen und zweckgebunden vor und unterdrücke systematisch die Erforschung bestimmter Teile der Vergangenheit. Insbesondere den damals herrschenden Historismus greift er an: »Vergangenes historisch artikulieren heißt nicht, es erkennen ›wie es denn eigentlich gewesen ist‹ [...].« (I, 695) Das zitierte Wort von Ranke enthalte ein grundsätzliches Missverständnis, denn das Überlieferte stehe niemals außerhalb seiner Überlieferungsgeschichte. Die Historiographie spiegle den Lauf der Geschichte nicht wider, sondern stelle eine These über den inneren Zusammenhang der Ereignisse auf. Wo sie, wie im Historismus, leugne, dass sie das Vergangene zu einer sinnvollen und kohärenten Geschichte synthetisiere, und stattdessen behauptet, sie gebe nur objektiv die Fakten wieder, wird sie ideologisch.

Die Aufgabe der Geschichtswissenschaft wird durch diese Überlegung erweitert. Zur Vergegenwärtigung des Vergangenen tritt die kritische Reflexion auf die Überlieferungsgeschichte. Denn analog zur ästhetischen Kategorie des Nachlebens der Werke konzipiert Benjamin das geschichtliche Ereignis als eines, das in seiner Überlieferung verwandelt wird. Deshalb unterscheidet sich sein Verfahren des Eingedenkens von dem historistischen der Einfühlung. Das einfühlende Sich-Zurückversetzen in Vergangenes, ohne die Überlieferungsgeschichte zu beachten, die dieses Vergangene inzwischen mit formte, sei illusionär. Denn das aktuelle Interesse am Vergangenen modifiziere immer den Blick auf es: »In jeder Epoche muß versucht werden, die Überlieferung von neuem dem Konformismus abzugewinnen, der im Begriff steht, sie zu überwältigen [...].« (I, 695)

In der Überlieferung hat sich Herrschaftsgeschichte niedergeschlagen, denn die hegemonialen Instanzen eines Gemeinwesens tradieren nur das, was ihrer Legitimation dient: »Wer immer bis zu diesem Tage den Sieg davontrug, der marschiert mit in dem

Triumphzug, der die heute Herrschenden über die dahinführt, die heute am Boden liegen. Die Beute wird, wie das immer so üblich war, im Triumphzug mitgeführt. Man bezeichnet sie als die Kulturgüter. [...] Es ist niemals ein Dokument der Kultur, ohne zugleich ein solches der Barbarei zu sein. Und wie es selbst nicht frei ist von Barbarei, so ist es auch der Prozeß der Überlieferung nicht, in der es von dem einen an den andern gefallen ist [...].« (I, 696)

Weil das, was überliefert wurde, in die Geschichtsschreibung der Sieger gehört, kennzeichnet Benjamin die historistische Einfühlung als eine »Einfühlung in den Sieger« (I, 696). Dem materialistischen Historiker, den er im Spätwerk entwirft, weist er dagegen die Aufgabe zu, »die Geschichte gegen den Strich zu bürsten« (I, 697). Dazu gehört zunächst einmal, Vergessenes und Unterdrücktes in Erinnerung zu rufen, ferner aber auch, die Überlieferungsgeschichte kritisch einzubinden. Es genüge nicht, die Funde zu inventarisieren; vielmehr müssten beim Graben in den Erinnerungen und Überlieferungen »im heutigen Boden Ort und Stelle« (I, 400) bezeichnet werden, an denen das Alte begegne. Dies gilt auch für manche marxistischen Historiker. In dem so genannten *Methodenfragment*[99] formuliert Benjamin, es sei »eine vulgärmarxistische Illusion, die gesellschaftliche Funktion sei es eines materiellen Produkts, sei es eines geistigen unter Absehung von den Umständen und den Trägern seiner Überlieferung bestimmen zu können [...].« (I, 1161)

Wo aber diese kritischen Gesichtspunkte berücksichtigt werden und im Zeichen des Eingedenkens ein anderes Verhältnis zum Vergangenen etabliert ist, traut Benjamin diesem Verfahren einiges zu, indem er geltend macht, dass »die Geschichte nicht allein eine Wissenschaft sondern nicht minder eine Form des Eingedenkens ist. Was die Wissenschaft ›festgestellt‹ hat, kann das Eingedenken modifizieren. Das Eingedenken kann das Unabgeschlossene (das Glück) zu einem Abgeschlossenen und das Abgeschlossene (das Leid) zu einem Unabgeschlossenen machen [...].« (V, 589) Damit zieht er die politisch-emanzipatorische Konsequenz aus dem Gedanken, dass die Überlieferung das Überlieferte modifiziere. Erinnerung und Geschichtsschreibung können unabgegoltene Potenziale des Vergangenen aktualisieren und entbinden. Und indem sie diese retten, formulieren sie Ansprüche an die Zukunft.[100]

Fortschrittskritik und dialektisches Bild

Die skizzierte Konzeption der Passage opponiert jedem linearen oder erfahrungsneutralen Geschichtsverständnis. Zu Benjamins Hauptgegner wird deshalb der Historismus des 19. Jahrhunderts mitsamt seiner am Begriff des Fortschritts orientierten Theorie der Geschichte. Mit einer Anspielung auf Lessing kritisiert Benjamin die Wurzeln des Historismus im Geschichtsverständnis der Aufklärung: »Die Vorstellung eines Fortschritts des Menschengeschlechts in der Geschichte ist von der Vorstellung ihres eine homogene und leere Zeit durchlaufenden Fortgangs nicht abzulösen. Die Kritik an der Vorstellung dieses Fortgangs muß die Grundlage der Kritik an der Vorstellung des Fortschritts überhaupt bilden [...].« (I, 701)

Weder der Fortschritt der Technik noch der politische Fortschritt zu einem höheren Grad an Emanzipation ereigne sich im Selbstlauf. Nichts habe zum Beispiel »die deutsche Arbeiterschaft in dem Grade korrumpiert [...] wie die Meinung, sie schwimme mit dem Strom [...].« (I, 698) Demgegenüber beharrt Benjamin darauf, dass sich bis heute die Geschichte als Herrschaftsgeschichte und als eine Abfolge von Katastrophen ereigne. Ihre Gewalttätigkeiten dürften nicht beschwichtigend in das Modell eines Fortschritts zum Besseren eingearbeitet und damit weginterpretiert werden. Das, was uns als der normale Gang der Geschichte entgegentritt, müsse vielmehr als ein andauernder Ausnahmezustand angesehen werden: »Der Begriff des Fortschritts ist in der Idee der Katastrophe zu fundieren. Daß es ›so weiter‹ geht, *ist* die Katastrophe [...].« (V, 592) Eine Geschichtsschreibung, die solche Überlegungen integriert, dringt auf die Unterbrechung des Fortschrittsdenkens. Benjamins *Passagen-Werk* ist der Versuch, dieser veränderten Optik in der Textpraxis einen Ort zu geben.

In den Aphorismen *Über den Begriff der Geschichte* markiert er, wo der Umschlag stattzufinden habe: »›Die Wahrheit wird uns nicht davonlaufen‹ – dieses Wort [...] bezeichnet im Geschichtsbild des Historismus genau die Stelle, an der es vom historischen Materialismus durchschlagen wird. Denn es ist ein unwiederbringliches Bild der Vergangenheit, das mit jeder Gegenwart zu verschwinden droht, die sich nicht als in ihm gemeint erkannte [...].« (I, 695) Gegenüber dem selbstständig und kausal sich entfaltenden Geschichtsverlauf bringt Benjamin Instanzen ins Spiel, die dessen Dynamik konterkarieren. Gegen die leere, homogene Zeit mobilisiert er die von Jetztzeit erfüllte. Und die Herrschaft der Vergangenheit über die Gegenwart dreht er um und fordert ein Bewusstsein dafür, dass man die Vergangenheit nicht als eine Instanz ansehen müsse, der man ausgeliefert sei, sondern die auch als eine Verbündete begriffen werden könne, die Handhaben zur Unterbrechung des Geschichtsverlaufs bereitstelle. Damit weist er auf die aktiven und produktiven Aspekte der Geschichtsschreibung, die keineswegs mit passiven Rekonstruktionen einer feststehenden Vergangenheit befasst ist. Diese aktive Dimension belegt er mit dem Begriff des Erwachens, in dem abermals das Konzept der Passage eingearbeitet ist, denn das Erwachen bildet eine Zone; es liegt als eine Schwellenerfahrung (vgl. V, 617) zwischen Schlafen und Wachen: »Was hier im folgenden gegeben wird, ist ein Versuch zur Technik des Erwachens. Ein Versuch, der dialektischen, der kopernikanischen Wendung des Eingedenkens inne zu werden. [...] Die kopernikanische Wendung in der geschichtlichen Anschauung ist diese: man hielt für den fixen Punkt das ›Gewesene‹ und sah die Gegenwart bemüht, an dieses Feste die Erkenntnis tastend heranzuführen. Nun soll sich dieses Verhältnis umkehren und das Gewesene zum dialektischen Umschlag, zum Einfall des erwachten Bewußtseins werden. Die Politik erhält den Primat über die Geschichte [...].« (V, 490 f.)

Was Benjamin hier emphatisch als eine kopernikanische Wendung anspricht, schlägt sich in seinem Umgang mit der Vergangenheit nicht nur als die politisch motivierte Zurückweisung des Historismus nieder, sondern darüber hinaus als das Experimentieren mit einem veränderten Geschichtsverständnis. Statt die Abfolge der Epochen in einem kausalen Zusammenhang zu konstruieren, erfasst der Historiker nun »die Konstellation, in die seine eigene Epoche mit einer ganz bestimmten früheren getreten ist« (I, 704). Die interessegeleitete Rückwendung in die Geschichte wird dort fündig, wo ein Ereignis im Prozess seines Nachlebens zur Lesbarkeit gelangt. In dem Moment der Lektüre kristallisieren sich beide Bewegungen zu einem einzigen Phänomen, das Benjamin als Monade oder dialektisches Bild bezeichnet. Entscheidend wichtig an diesen Konzepten ist, dass sie weder subjektivistisch – als bloß dezisionistische Aneignung der Geschichte – noch objektivistisch im Sinne eines Determiniertseins des Historikers durch das, was zur Lesbarkeit gelangt, verstanden werden dürfen. Vielmehr treten subjektive und objektive Momente für einen Augenblick zusammen und bilden ein Aggregat. Damit ist eine Stillstellung erreicht und der verhängnisvolle Selbstlauf des Fortschritts unterbrochen: »Auf den Begriff einer Gegenwart, die nicht Übergang ist sondern in der die Zeit einsteht und zum Stillstand gekommen ist, kann der historische Materialist nicht verzichten, denn dieser Begriff definiert eben die Gegenwart, in der er für seine Person Geschichte schreibt. Der Historismus stellt das ›ewige‹ Bild der Vergangenheit, der historische Materialist eine Erfahrung mit ihr, die einzig dasteht [...].« (I, 702)

Durch die Hinwendung zur Jetztzeit verliert die Geschichtsschreibung ihren rein rekonstruierenden Charakter und integriert – als aktive Geschichtsaneignung – ein konstruktives Prinzip. Gegen die überlieferte Darstellung der Ereignisse in einem kontinuierlichen Verlauf wird nun die Diskontinuität mobilisiert. Der historische Materialist sprengt eine Epoche aus dem homogenen Verlauf der Geschichte heraus (vgl. I, 705) und bringt sie dadurch in eine neue Konstellation zu der eigenen Zeit. In diesem – von Benjamin mit durchaus gewalttätigen Vokabeln belegten – Verfahren wird nicht nur ein herrschaftsdurchsetztes, überliefertes Geschichtsbild zerbrochen, sondern auch ein neues hergestellt und erprobt. Auf die Destruktion folgt eine Konstruktion, oder anders: »Die ›Konstruktion‹ setzt die ›Destruktion‹ voraus [...].« (V, 587) Noch in der scheinbar willkürlichen Aneignung der Vergangenheit wirkt aber jenes objektive Moment, das sich dem Subjekt entzieht und auf das Benjamin in der folgenden Charakterisierung des dialektischen Bildes mit den passivischen Wendungen rekurriert: »Wo das Denken in einer von Spannungen gesättigten Konstellation zum Stillstand kommt, da erscheint das dialektische Bild. Es ist die Zäsur in der Denkbewegung. Ihre Stelle ist natürlich keine beliebige. Sie ist [...] da zu suchen, wo die Spannung zwischen den dialektischen Gegensätzen am größten ist. Demnach ist der in der materialistischen Geschichtsdarstellung konstruierte Gegenstand selber das dialektische Bild. Es ist identisch mit dem historischen Gegenstand; es rechtfertigt seine Absprengung aus dem Kontinuum des Geschichtsverlaufs.« (V, 595)[101]

Einerseits verdankt sich das dialektische Bild einer aktiv-destruktiven Operation, andererseits stellt es sich ein. Sobald es vorliegt, wirkt es unterbrechend. Die Reflexion auf die Geschichte konzentriert sich auf einen entscheidenden Punkt, anstatt rastlos kausale Verkettungen in der Geschichte nachzuvollziehen. Darin liegt die Chance, der konstitutiven Nachträglichkeit der Geschichtsbetrachtung zu entgehen. Denn der Versuch eines Nachvollzugs der gesamten Vergangenheit kann nur in der Kapitulation vor dieser unendlichen Aufgabe bestehen. Die Auseinandersetzung mit einem dialektischen Bild könnte dagegen ein Vergangenes für ein Jetzt erobern. In diesen Bildern liegt nämlich etwas gebunden, was das Subjekt oder das Kollektiv betrifft, dem sie sich zeigen. Denn die Erfahrungen mit der Gegenwart motivieren das Interesse an einer ganz bestimmten Vergangenheit und provozieren dadurch das Hervortreten von dialektischen Bildern, die sich nur in dieser Konstellation einstellen – und zwar dort, wo die Spannung zwischen den dialektischen Gegensätzen am größten ist. Wo das Denken die Gegensätze nicht mehr synthetisieren kann, wo – anders gesagt – kein Fortschritt im Denken mehr stattfindet, bringt die Konstellation, in die das Denken eingebunden ist, mit dem Bild eine Zäsur, also eine Unterbrechung hervor. An diesen Vorgang knüpft Benjamin utopisch aufgeladene Vorstellungen wie die des messianischen Umschlags, der Rettung und des Erwachens.

Sein spezifischer Begriff von Dialektik, den er – anders als Hegel – entschlossen gegen die Kontinuität in Stellung bringt und für die Diskontinuität beansprucht, trägt wesentlich zur Definition des dialektischen Bildes bei[102]: »Bild ist dasjenige, worin das Gewesene mit dem Jetzt blitzhaft zu einer Konstellation zusammentritt. Mit andern Worten: Bild ist die Dialektik im Stillstand. Denn während die Beziehung der Gegenwart zur Vergangenheit eine rein zeitliche, kontinuierliche ist, ist die des Gewesnen zum Jetzt dialektisch: ist nicht Verlauf sondern Bild (,) sprunghaft. – Nur dialektische Bilder sind echte (d.h.: nicht archaische) Bilder;

und der Ort, an dem man sie antrifft, ist die Sprache [...].« (V, 576 f.) An diesem Zitat wird auch deutlich, dass Benjamin die dialektischen Bilder als Sprachphänomene begreift. Wie alle sprachlichen Bilder, etwa Metaphern und Symbole, führen sie visuell geprägte Imaginationen mit sich. Doch dialektische Bilder gehören nicht den bildenden Künsten an, sondern dem Bereich der Textproduktion. Benjamin setzt also mit der Theorie der dialektischen Bilder seine Reflexionen auf die Bildlichkeit und sein Experimentieren mit sprachlichen Bildern fort. Wenn die Aneignung der Geschichte sich aber wesentlich als eine Auseinandersetzung mit den dialektischen Sprachbildern vollziehen soll, dann können alle künstlerischen und essayistischen Verfahrensweisen mit der Sprache für den Umgang mit der Geschichte verwendet werden.

Eine von Benjamin genutzte Sprachverwendung, die dem diskontinuierlichen Verfahren entspricht, ist das Zitieren: »Geschichte schreiben heißt [...] Geschichte *zitieren*. Im Begriff des Zitierens liegt aber, daß der jeweilige historische Gegenstand aus seinem Zusammenhange gerissen wird [...].« (V, 595) Das *Passagen-Werk* besteht zu großen Teilen aus Zitaten.[103] Benjamin destruiert auf diese Art die überlieferten Kontinuitäten. Als komplementäre Verfahrensweise installiert die Montage dann eine neue Konstruktion, in die die Zitatsplitter eingehen. Dieser Schritt ist im *Passagen-Werk* zwar unausgeführt geblieben, Benjamin hat ihn aber anvisiert: »Methode dieser Arbeit: literarische Montage [...].« (V, 574) Mit Zitat und Montage konzipiert er eine Geschichtsschreibung, die auf der Höhe der sprachkünstlerischen Techniken ihrer Zeit steht. Wenn sich die dialektischen Bilder mithin in der Sprache zeigen, so müssten sie in der Architektur des *Passagen-Werks* vor allem in der Konstellation der herausgebrochenen Zitate zueinander und zum übrigen Text gesucht werden.

Die Suche, die Benjamins Historiker betreibt, nämlich das Gewesene und das Jetzt in eine neue Konstellation zu bringen, wäre ohne den Begriff des Erwachens ziel- und richtungslos. An diesem Begriff hängt die utopische Ausrichtung der Auseinandersetzung mit der Geschichte. Denn ohne das Interesse daran, dass das Zusammenleben der Menschen – um es ganz basal auszudrücken – glücklicher werden müsste, wäre die Beschäftigung mit der Vergangenheit Zeitvergeudung. Um die Gegenwart von den verhängnisvollen Tendenzen der Vergangenheit befreien zu können, müssen diese überhaupt erst einmal wahrgenommen werden. Und um an die produktiven Potenziale anknüpfen zu können, die sich in der Geschichte bereits gezeigt haben, dann aber unterdrückt oder vergessen wurden, ebenfalls. Solche umwertende Aneignung der Vergangenheiten im Erwachen parallelisiert Benjamin mit der Traumdeutung der Psychoanalyse.

Die individuellen Vorgänge des Träumens und des Erwachens wendet er auf das Kollektiv an. So spricht er vom »Traumbewußtsein des Kollektivs« (V, 497), das sich zum Beispiel in der Architektur der Passagen niederschlägt. Jede Epoche träume die auf sie folgende. (Vgl. V, 46) Die Aufgabe des Historikers in Bezug auf das 19. Jahrhundert sieht er darin, das Erwachen aus diesem Jahrhundert zu thematisieren. (Vgl. V, 580) Dies sollte aber nicht ausschließlich als eine Überführung oder gar Auflösung unbewusster Prozesse in bewusste verstanden werden. Zwar spielt diese Verschiebung eine gewisse Rolle, jedoch geht es Benjamin eher um eine Neugruppierung der Traumelemente. Die Verehrung für Aragons *Paysan de Paris* zeigt, dass er den Traumzustand durchaus schätzt. Deshalb spricht er auch nicht vom Wachsein, sondern vom Erwachen, denn in ihm wirken sowohl der Schlaf als auch das Wachsein. Es geht Benjamin um »alle denkbaren Gradstufen des Erwachtseins«, um den »Zustand des von Schlaf und Wachen vielfach gemusterten, gewürfelten Bewußtseins«, der »vom Individuum auf das Kollektiv zu übertragen« (V, 492) sei. Unter Rückgriff auf den Surrealismus fragt er: »Sollte Erwachen die Synthesis sein aus der Thesis des Traumbewußtseins und der Antithesis des Wachbewußtseins? Dann wäre der Moment des Erwachens identisch mit dem ›Jetzt der Erkennbarkeit‹, in dem die Dinge ihre wahre – surrealistische – Miene aufsetzen [...].« (V, 579)

Im Erwachen ist der Traum noch nicht vergessen. In der transformierenden Erinnerung an ihn liegt deshalb das produktive Potenzial des Erwachens, weniger in der rationalisierenden Ausdeutung. Zwar bezeichnet Benjamin den Historiker als einen Traumdeuter (vgl. V, 580), jedoch betont er zugleich, dass die Bestandteile des Traums in die deutende Tätigkeit eingegangen sein müssen: »Die Verwertung der Traumelemente beim Aufwachen ist der Kanon der Dialektik. Sie ist vorbildlich für den Denker und verbindlich für den Historiker [...].« (V, 580)

Das Erwachen findet im sprachlichen Medium der dialektischen Bilder statt. Dabei erfasst die Schwellensituation des Erwachens zum Teil auch das dialektische Bild. Mal erscheint es als »Traumbild« (V, 55), mal als erkanntes und gedeutetes Traumbild (vgl. V, 580). An solchen inneren Reibungen zeigt sich, dass Benjamins Theorie des dialektischen Bildes keineswegs festgefügt ist, sondern während der Arbeit an den *Passagen* weiterentwickelt wurde. Der vorliegende Fall kann allerdings mithilfe des Gedankens entschärft werden, dass schon der Traum auf das Erwachen hindeutet: »Das kommende Erwachen steht wie das Holzpferd der Griechen im Troja des Traumes [...].« (V, 495) Dadurch wird das Erwachen in den Traum mit hineingenommen, wie auf der anderen Seite der Traum im Erwachen nachwirkt.

Das Erwachen ist also eine komplexe Angelegenheit, und das historische Erwachen aus dem katastrophalen Geschichtsverlauf, das Benjamin durchaus in marxistischen Kategorien denkt, sollte nicht mit der von Lenin praktizierten, diktatorischen Eroberung der Staatsmacht durch die politische Avantgarde verwechselt werden. Der qualitative Umschlag wäre erst dort gegeben, wo ein Gemeinwesen gleichsam von einer Woge des Erwachens ergriffen würde, wie die Surrealisten von einer Traumwelle. Erst hier käme das nichtdelegierbare Moment in Benjamins anthropologischem Materialismus zum Tragen, durch das jeder einzelne Mensch in den Prozess der Veränderung eingebunden ist. Zwar durchwirken die kollektiven geschichtlichen Ereignisse die Einzelbiografien, aber ohne den Bezug auf die individuellen Dispositionen, etwa auf die Kindheit, kann Benjamins Geschichtsauffassung nicht begriffen werden. Das Erwachen impliziert neben der umfassenden politischen Dimension auch die Veränderung der alltäglichen Lebenspraxis.

Mit einem Eintrag aus dem *Passagen-Werk* können die wesentlichen Aspekte von Benjamins Geschichtsverständnis noch einmal zusammengefasst werden: »Zur Elementarlehre des historischen Materialismus: 1) Gegenstand der Geschichte ist dasjenige, an dem die Erkenntnis als dessen Rettung vollzogen wird. 2) Geschichte zerfällt in Bilder, nicht in Geschichten. 3) Wo ein dialektischer Prozeß sich vollzieht, da haben wir es mit einer Monade zu tun. 4) Die materialistische Geschichtsdarstellung führt eine immanente Kritik am Begriff des Fortschritts mit sich. 5) Der historische Materialismus stützt sein Verfahren auf die Erfahrung, [...] die Geistesgegenwart und die Dialektik [...].« (V, 595 f.)

Adorno und die Dialektik

Benjamin kannte Theodor Wiesengrund-Adorno seit 1923. Vielleicht darf dieser als sein einziger Schüler bezeichnet werden. Jedenfalls war Adorno zutiefst beeindruckt von Benjamins Trauerspiel-Buch, dessen Lektüre nicht nur zu Adornos Abwendung vom Neukantianismus beitrug, sondern auch deutliche Spuren in seinem Œuvre hinterließ. So kann seine zweite Habilitationsschrift – *Kierkegaard. Konstruktion des Ästhetischen* (1933) – den Einfluss des benjaminschen Werkes nicht verleugnen. Auch Adorno scheiterte übrigens 1928 mit seinem ersten Habilitationsverfahren, und zwar bei demselben Cornelius, der schon Benjamins Antrag niedergeschlagen hatte.[104] Als junger Dozent setzte er dafür in Frankfurt sogleich – camoufliert – Benjamins Habilitationsschrift zwei Semester lang auf den Lehrplan.[105]

Ein engerer Kontakt zwischen beiden ergab sich erst im Exil. Die erkenntnistheoretischen und ästhetischen Fragen, die Benjamin aufwarf, waren für Adorno zentral. Dies dokumentiert neben seinen Schriften auch der bis zu Benjamins Tod geführte Briefwechsel. Beide schärften an den Argumenten des anderen ihr eigenes methodologisches Profil. Fragen der Erkenntnistheorie – diskutiert immer wieder anlässlich von Benjamins geplanter Arbeit über die Pariser Passagen – waren zweifellos das integrierende Zentrum ihrer »philosophischen Kameradschaft« (ABB, 18), die langsam in Freundschaft überging. Ihre Überlegungen zur Massenkultur bildeten einen wichtigen Nebenzweig.

Obwohl Adorno einmal eine »Übereinstimmung im philosophischen Zentrum« (ABB, 89) ihrer beider Ansätze feststellte, unterscheidet sich seine Philosophie doch in einem Punkt immer wieder von derjenigen des Briefpartners: in der Stellung zur Dialektik. Später hat Adorno den Unterschied aus seiner Sicht beschrieben: »Den Gedanken der universalen Vermittlung, der bei Hegel wie bei Marx die Totalität stiftet, hat [...] seine [Benjamins] mikrologische und fragmentarische Methode nie ganz sich zugeeignet. [...] Ihm hieß, Phänomene materialistisch interpretieren, weniger sie aus dem gesellschaftlichen Ganzen erklären, als sie unmittelbar, in ihrer Vereinzelung, auf materielle Tendenzen und soziale Kämpfe beziehen [...].«[106] Ex negativo beschreibt Adorno sich hier selbst, denn er ist bestrebt, seine Einzelanalysen mit einer Theorie des gesellschaftlichen Gesamtprozesses zu vermitteln. Benjamin ermuntert er, ebenfalls die Vermittlung mit dem Ganzen herzustellen. Stereotyp legt er ihm das Durchdialektisieren der Einzelbetrachtungen nahe. Benjamin reagiert darauf meist pragmatisch, doch auf Adornos einschneidende Kritik am ersten Baudelaire-Aufsatz vom 10.11.1938, die Benjamin »einen Stoß versetzte« (ABB, 376), antwortet er am 9.12.1938 mit einer grundsätzlichen Positionsbestimmung. Adorno wirft ihm einmal mehr mangelnde dialektische Vermittlung vor: er würde sich hinter undurchdringlichen Stoffschichten vermauern, die Motive versammeln, aber nicht durchführen, sich gegen die theoretische Interpretation sperren – und damit »in die staunende Darstellung der bloßen Faktizität« (ABB, 368) verfallen. Um den phantasmagorischen Schein der Phänomene aufzusprengen, müsse aber die Theorie ins Feld geführt werden, die als einzige die postulierte Vermittlung bewerkstelligen könne.

Benjamin räumt zwar ein, dass die Theorie zu kurz komme, weil es sich bei dem Aufsatz nur um den Ausschnitt eines geplanten Buches handelt, verteidigt im Übrigen aber seine Darstellung. Insbesondere der Abschnitt über den Flaneur löse im Wesentlichen »das ein, was mir seit langen Jahren als eine Darstellung des Flaneurs vorgeschwebt hat« (ABB, 378). Damit beharrt er auf dem Unterschied seiner Verfahrensweise zu der Adornos. »Wenn Sie von einer ›staunenden Darstellung der Faktizität‹ sprechen, so charakterisieren Sie die echt philologische Haltung [...].« (ABB, 379 f.) Und diese ist für Benjamin unabdinglich. Auch er sucht einen Weg, um die Phantasmagorien aufzusprengen, sieht ihn allerdings dort, wo zunächst das Material »im philologischen Zusammenhang« (ABB, 380) vergegenwärtigt wird: »Die Philologie ist diejenige an den Einzelheiten vorrückende Beaugenscheinigung eines Textes, die den Leser magisch an ihn fixiert [...].« (ABB, 380) Im ersten Schritt muss diese emotionale Fixierung hergestellt werden, um sie in einem zweiten nutzen zu können. Die Herausstellung der Sachgehalte soll dabei den Wahrheitsgehalt freilegen. Diesen bestimmt Benjamin nun dynamischer als in der Arbeit über die *Wahlverwandtschaften*: »Der Schein der geschlossnen Faktizität, der an der philologischen Untersuchung haftet und den Forscher in den Bann schlägt, schwindet in dem Grade, in dem der Gegenstand in der historischen Perspektive konstruiert wird. Die Fluchtlinien dieser Konstruktion laufen in unserer eigenen historischen Erfahrung zusammen. Damit konstituiert sich der Gegenstand als Monade. In der Monade wird alles das lebendig, was als Textbefund in mythischer Starre lag [...].« (ABB, 380)

Das philologisch Erschlossene wird also einer Operation unterzogen, die es mit der Gegenwartsperspektive des Interpreten konfrontiert. Wie im dialektischen Bild tritt das Überlieferte in eine Konfiguration mit der Aktualität. Dieser Anspruch der Gegenwart an das Überlieferte durchbricht die staunende, magische Haltung des Philologen, aber das Überlieferte wird der aktuellen Perspektive dabei nicht einfach unterworfen. Sondern »die Kritik an der Haltung des Philologen [...] provoziert jeweils die philologische Leistung selbst« (ABB, 381). Nur im Zusammenspiel beider Momente, der philologischen Vergegenwärtigung des Materials sowie der Konstruktion eines aktuellen Zugriffs, kann jene Lebendigkeit erreicht werden, von der Benjamin spricht. Anders als Adornos mündet sein Verfahren nicht in ein Resultat der Theorie, sondern in eine Lektüre. Theorie produziert ein Wissen, Lektüre eine Erfahrung. In letzter Instanz geht es Benjamin weniger darum, Erkenntnisse zu vermitteln, als durch Texte Erfahrungen anzuregen. Die Lektüren lassen übrigens seiner Meinung nach auch die interpretierten Werke nicht unberührt, die von solcher »Deutung betroffen, um nicht zu sagen erschüttert werden« (ABB, 381) können.

Adornos Vermittlungspostulat schlägt sich auch in der Debatte um die Warenform nieder, die er und Benjamin führten. In seiner Antwort auf Adornos Kritik am Baudelaire-Aufsatz bestätigt Benjamin an einer Stelle, dass es eine fruchtbare Spannung gebe, »in der Ihre Theorie vom Konsum des Tauschwerts zu meiner von der Einfühlung in die Warenseele steht. Auch ich meine, daß es sich hier um eine Theorie im strengsten Sinne des Wortes handelt, und die Abhandlung über den Flaneur kulminiert in ihr [...].« (ABB, 378)

Beide berufen sich auf Marx, dessen Warenanalyse im *Kapital* niedergelegt ist. Bei diesem umfasst die Ware den Gebrauchswert, der in ihrer Konsumtion realisiert wird, und den Wert, der im Tauschwert erscheint. Der Wert der Ware wird durch die in ihm materialisierte gesellschaftlich notwendige Arbeitszeit gebildet, ihr Preis auf dem Markt ausgehandelt. Marx sagt nun, dass uns der Kapitalismus als eine ungeheure Warensammlung entgegentritt, da tendenziell alles, was einen Gebrauchswert hat, zur Ware werden kann.

Benjamin erkennt im Paris des 19. Jahrhunderts jenen Zeitpunkt, an dem die Warenförmigkeit die meisten Lebensbereiche gerade ergriffen hatte. Dabei interessiert ihn weniger die marxische Wertformanalyse als die psychische Disposition, die nun in den Zeitgenossen entsteht: »Die Massierung der Kunden, die den Markt, der die Ware zur Ware macht, eigentlich bildet, steigert deren Charme für den Durchschnittskäufer [...].« (I, 559) Gerade für das Bürgertum beginnt die Ware einen Kultstatus einzunehmen, den sie mit den Weltausstellungen feiert. Benjamin sagt, die Ware werde zum Fetisch, wobei er diesen Begriff im Sinne der manipulierenden Verklärung benutzt: »Die Weltausstellungen verklären den Tauschwert der Waren. Sie schaffen einen Rahmen, in dem ihr Gebrauchswert zurücktritt. Sie eröffnen eine Phantasmagorie, in die der Mensch eintritt, um sich zerstreuen zu lassen [...].« (V, 50) Diese genießende Haltung fasst er als »Einfühlung in die Ware« (I, 561).

Adorno bezieht sich zustimmend auf Benjamins Kategorie des Fetischismus, benutzt sie aber in seinen Arbeiten mit einer veränderten, stärker an Marx orientierten Akzentuierung. Bei diesem besagt der Fetischcharakter der Ware, dass das ungerechte Produktionsverhältnis, aufgrund dessen die Ware entstand, nicht an ihr erscheint, wenn sie als Produkt vor uns liegt. Die Warenform spiegle stattdessen »den Menschen die gesellschaftlichen Charaktere ihrer eignen Arbeit als gegenständliche Charaktere der Arbeitsprodukte selbst, als gesellschaftliche Natureigenschaften dieser Dinge«[107] zurück. Diese Verwechslung, an der sich Begehrlichkeiten entzünden, macht sich, so Adorno, die kapitalistische Vereinnahmung der Kultur zunutze, indem sie den Gebrauchswert systematisch zugunsten des Tauschwerts zurückdrängt. Adornos Position lautet, dass »heute der Tauschwert konsumiert wird« (ABB, 372). Ohne weiter zu fragen, ob diese These mit Marx zu vereinbaren ist, bei dem nur Gebrauchswerte konsumiert werden, bleibt zu registrieren, dass Benjamin zugesteht, die Einfühlung in die Ware dürfte »Einfühlung in den Tauschwert selbst sein« (ABB, 385).[108] So schärft er in der Auseinandersetzung mit Adorno die Theorie der Ware, behält dabei aber zugleich einen charakteristischen Unterschied bei.

Während Adorno – hier ganz marxisch – die überindividuelle Geltung des Warenfetischismus hervorhebt, lässt Benjamin einen Spielraum für das Klassenbewusstsein offen. Anders als das Bürgertum positioniert er nämlich das Proletariat: »Sofern der Mensch, als Arbeitskraft, Ware ist, hat er es allerdings nicht nötig, eigens in die Ware sich zu versetzen. Je mehr diese Seinsweise seiner selbst als die von der Produktionsordnung über ihn verhängte ihm zum Bewußtsein kommt – je mehr er sich proletarisiert –, desto mehr durchdringt ihn der Frosthauch der Warenwirtschaft, desto weniger wird es sein Fall sein, in die Ware sich einzufühlen [...].« (I, 561)

Damit ist auch der Punkt bezeichnet, an dem die Auffassungen Benjamins und Adornos über die Massenkultur auseinander gehen. Adornos Lesart der Moderne sieht in allen ihren Ausprägungen das Tauschprinzip als bestimmend an. Nur wenige Bereiche, etwa die autonome Kunst, könnten sich ihm partiell entziehen. Aber die gesamte Sphäre der Massenkultur, samt der in ihr produzierten Gebrauchskunst, beurteilt und verwirft er als Produkt der Kulturindustrie.[109] Während Benjamin, wie oben schon gesehen, die produktiven Faktoren der Massenkultur hervorhebt, kritisiert Adorno die Gebrauchskunst, weil alle ihre Werke sich einem Zweck außerhalb der Logik des Werks unterwürfen, nämlich dem ihres Verkaufs. Dieser Zweck dominiere ihr Formgesetz, weshalb Adorno von Benjamin eine »Dialektisierung der Gebrauchskunst in ihrer Negativität« (ABB, 173) fordert und dieses Postulat an der Analyse des Jazz selbst einlöst. Gebrauchskunst wirke auf die Rezipienten in keiner Weise befreiend, sie lasse im Gegenteil deren Fähigkeit zur Wahrnehmung verkümmern und verursache eine Regression der ästhetischen Sensibilität.[110] Utopische Perspektiven könnten aus ihr, so Adorno, nicht entwickelt werden.

Augenblick der Gefahr

Der bekannteste und der am häufigsten kommentierte Text von Benjamin findet sich unter der Ziffer neun in seiner Schrift *Über den Begriff der Geschichte*.[111] Zunächst zitiert er aus einem Gedicht Scholems:

»Mein Flügel ist zum Schwung bereit
ich kehrte gern zurück
denn blieb' ich auch lebendige Zeit
ich hätte wenig Glück.« (I, 697)

Dann bezieht er sich auf Paul Klees Bild »Angelus Novus«:

»Ein Engel ist darauf dargestellt, der aussieht, als wäre er im Begriff, sich von etwas zu entfernen, worauf er starrt. Seine Augen sind aufgerissen, sein Mund steht offen und seine Flügel sind ausgespannt. Der Engel der Geschichte muß so aussehen. Er hat das Antlitz der Vergangenheit zugewendet. Wo eine Kette von Begebenheiten vor *uns* erscheint, da sieht *er* eine einzige Katastrophe, die unablässig Trümmer auf Trümmer häuft und sie ihm vor die Füße schleudert. Er möchte wohl verweilen, die Toten wecken und das Zerschlagene zusammenfügen. Aber ein Sturm weht vom Paradiese her, der sich in seinen Flügeln verfangen hat und so stark ist, daß der Engel sie nicht mehr schließen kann. Dieser Sturm treibt ihn unaufhaltsam in die Zukunft, der er den Rücken kehrt, während der Trümmerhaufen vor ihm zum Himmel wächst. Das, was wir den Fortschritt nennen, ist *dieser* Sturm [...].« (I, 697 f.)

In diesem Bild fokussiert Benjamin zentrale Gedanken seiner Geschichtskonzeption. Dass sich in der Mitte der Aphorismen ein Denkbild findet, dürfte nun, nachdem Benjamins theoretische und praktische Arbeit an den Bildern erörtert wurde, kaum mehr überraschen. Wiederum verfugt er Begriff und Bild ineinander. Dabei setzt ein Maximum an sprachbildlicher Präzision keine Feststellungen frei, sondern generiert eine Pluralität möglicher Deutungen, die jeweils verschiedene Szenarien beleuchten. Indem unterschiedliche Konnotationen gleichzeitig zur Sprache gebracht werden, eröffnet das Denkbild eine Konstellation, die für ein ganz bestimmtes Jetzt aktualisiert wurde. Zur Charakterisierung dieser Gegenwart müssen die geschichtlichen Ereignisse – der Hitler-Stalin-Pakt, der Krieg – und die persönliche Bedrohung Benjamins durch den siegreichen Nationalsozialismus bedacht werden: Es handelt sich um einen »Augenblick der Gefahr« (I, 695).

Jene Figur, die die meisten Deutungen auf sich gezogen hat, ist der Engel der Geschichte. In seinem Verhalten kehren wesentliche Momente von Benjamins Geschichtsdenken wieder, vor allem die eingedenkende Rückwendung in die Vergangenheit mitsamt der Intention, die Zerstörung und das Leid ungeschehen machen zu wollen. Auch der große Gegenspieler, die Fortschrittsorientierung, erscheint in dem Bild. Als Sturm hindert sie den Engel am Verweilen und bewirkt ständig neue Zerstörungen. Dem Engel erscheint diese Abfolge als eine Katastrophe in Permanenz. Er intendiert die rettende Umwendung *allen* Unheils. Darin unterscheidet er sich vom Historiker. Zwar parallelisiert Benjamin beide durch ihre Haltung einer Rückwendung in die Vergangenheit[112], der Historiker aktualisiert aber selektiv: je nachdem, welche besondere Vergangenheit ihm die jeweilige Gegenwart nahe legt.

Die Identifikation des Historikers mit dem Engel der Geschichte funktioniert also nur partiell; und überhaupt widersteht das gesamte Denkbild vereindeutigenden Dechiffrierungen. So durchläuft der Engel mehrere Gestalten, sodass mit Recht gefragt werden darf, ob es sich denn überhaupt um einen einzigen handelt. Zunächst spricht er aus den Zeilen Scholems, dann tritt er in der Beschreibung eines Bildes von Klee als ein stummer, im Schock paralysierter auf, um schließlich als ein imaginierter wiederzukehren. Auch die Zuordnung der Perspektiven wirft Fragen auf. Neben den Perspektiven der einzelnen Engel erscheint ein Kollektiv, dem sich an einem Punkt der Erzähler zurechnet. Bedacht werden muss, dass die Position dieses »Wir« sich von der des Engels der Geschichte unterscheidet. Ob »wir« den Blick des Engels teilweise oder insgesamt übernehmen sollten, bleibt interpretationsbedürftig. Denn dessen absolute Ausrichtung auf die Umwendung allen Unheils macht ihn handlungsunfähig.[113]

Im vierzehnten Aphorismus thematisiert Benjamin ein anderes, ein aktiv-eingreifendes Verhältnis zur Vergangenheit und spricht von einem »Tigersprung ins Vergangene« (I, 701). Der Vorstellung vom Fortschrittssturm, der den paralysierten Engel rückwärts in die Zukunft treibt, stellt er ein Modell an die Seite, nach dem ein Kollektiv eine Gegenbewegung initiiert, den Zwang zum Fortschritt bricht und sich einer Vergangenheit wie einer Beute entschlossen bemächtigt, sie sich radikal aneignet. Dieses gewalttätige Bild ist bei Benjamin positiv besetzt. Nicht nur rühmt er den rächenden Hass der unterdrückten Klasse (vgl. I, 700), er bindet diese Momente auch an die Vorstellung von der notwendigen Revolution. Wo andere die Revolutionen für eine Fortschrittsgeschichte funktionalisieren, deutet Benjamin sie allerdings um: »Marx sagt, die Revolutionen sind die Lokomotive der Weltgeschichte. Aber vielleicht ist dem gänzlich anders. Vielleicht sind die Revolutionen der Griff des in diesem Zuge reisenden Menschengeschlechts nach der Notbremse [...].« (I, 1232)

Dem handelnden Kollektiv traut Benjamin zu, was dem Engel der Geschichte versagt bleibt: eine Unterbrechung des katastrophischen Geschichtsverlaufs. Aber in der Intention auf diese Stillstellung gleichen sich Engel und handelndes Kollektiv. Und daran zeigt sich, dass die durch und durch materialistischen Motive auch in der letzten Phase von Benjamins Denken an einer theologisch motivierten Emphase teilhaben. So schreibt er zum Beispiel: »die echte Konzeption der historischen Zeit beruht ganz und gar auf dem Bild der Erlösung« (V, 600). Wie der Schachautomat des ersten Aphorismus die Partie nur mithilfe der Theologie gewinnen kann, so macht sich in der säkular-revolutionären Unterbrechung des Geschichtsverlaufs ein messianisches Moment geltend. Analog zum neunten Aphorismus spricht Benjamin auch im zweiten von einem »Wir«, und er sagt, diesem sei »eine *schwache* messianische Kraft mitgegeben, an welche die Vergangenheit Anspruch hat« (I, 694). Das Kollektiv partizipiert an der rettenden Intention des Engels der Geschichte. Aber auch die Kritik an der kontemplativen Haltung verknüpft Benjamin mit dem theologischen Gedanken, denn der Messias komme »als der Überwinder des Antichrist« (I, 695). Zur Rettung gehöre eben auch »der feste, scheinbar brutale Zugriff« (V, 592).

Doch die Rettung kann ebenso misslingen: Benjamin gruppiert die gedankliche Konstellation in seinem letzten Text um die Extreme der überwältigenden Gefahr und des rettenden Handelns. Gezwungenermaßen polarisiert und radikalisiert er sein Denken. Denn dieser »Augenblick der Gefahr« betrifft gleichermaßen das Denken und die individuelle Existenz, und zwar dringlicher als je zuvor. Denken wird zu einer Frage des Überlebens. Benjamin spannt deshalb seine Dialektik noch einmal bis zum Äußersten.

Der existenziellen Gefahr entkam er indessen nicht mehr. 1939 stand Frankreich im Krieg mit Deutschland. Alle Deutschen, auch die Emigranten, wurden als feindliche Ausländer interniert. Benjamin kam in das Lager Vernuche; er blieb von September bis Ende November in Haft. Hans Sahl, der ebenfalls dort war, berichtet, Benjamin habe eine Lagerzeitung geplant und »einen philosophischen Kursus im Freien abgehalten. ›Für Fortgeschrittene‹ und gegen ein Entgelt von drei Gauloises [...].«[114] Noch einmal konnte er nach Paris zurückkehren. Als die Niederlage der französischen Armee unmittelbar bevorstand, floh er nach Südfrankreich. Im Besitz eines Transitvisums für Spanien und Portugal überquerte er illegal die französische Grenze. Im spanischen Grenzort Port Bou teilte man ihm mit, dass er am nächsten Tag an die mit den Deutschen kollaborierenden Franzosen ausgeliefert werden würde. Das hätte bedeutet, dass er in die Hände der Nationalsozialisten gefallen wäre. Benjamin nahm sich deshalb am 25.9.1940 das Leben. In einer letzten Notiz (vgl. GB VI, 483) spricht er davon, dass er in eine ausweglose Situation versetzt worden sei, in der er keine andere Wahl habe, als seinem Leben ein Ende zu setzen, und keine Zeit mehr, all die Briefe zu schreiben, die er hätte schreiben wollen. Dem Augenblick der übermächtigen Gefahr, dem kein Aufschub – also keine »Hoffnung« (II, 427) – abzuringen zu sein scheint, tritt er aktiv, mit einer existenziellen Entscheidung entgegen.[115] Brecht fasste dies in ein Gedicht[116]:

»Zum Freitod des Flüchtlings W.B.

Ich höre, daß du die Hand gegen dich erhoben hast
Dem Schlächter zuvorkommend.
Acht Jahre verbannt, den Aufstieg des Feindes beobachtend
Zuletzt an eine unüberschreitbare Grenze getrieben
Hast du, heißt es, eine überschreitbare überschritten.

Reiche stürzen. Die Bandenführer
Schreiten daher wie Staatsmänner. Die Völker
Sieht man nicht mehr unter den Rüstungen.

So liegt die Zukunft in Finsternis, und die guten Kräfte
Sind schwach. All das sahst du
Als du den quälbaren Leib zerstörtest.«

Anmerkungen

1 Die im Text verwendeten Abkürzungen und Siglen werden im Literaturverzeichnis aufgelöst.
2 Zur detaillierten Interpretation des Tiergarten-Abschnitts vgl.: Anna Stüssi, Erinnerung an die Zukunft, Göttingen 1977, S. 11-58.
3 Zu den Prinzipien der Edition vgl. den *Editorischen Bericht* der Herausgeber. (I, 749-796)
4 Gershom Scholem, Walter Benjamin und sein Engel, hg. von R. Tiedemann, Frankfurt/M. 1983, S. 9.
5 Zur Rezeptionsgeschichte Benjamins bis 1985 vgl.: Klaus Garber, Rezeption und Rettung, Tübingen 1987, S. 121-193.
6 Vgl. insbesondere: Rolf Tiedemann, Studien zur Philosophie Walter Benjamins, Frankfurt/M. 1973 (zuerst 1965).
7 Die in den biografischen Abschnitten verwendeten Informationen stammen überwiegend aus: Gershom Scholem, Walter Benjamin – die Geschichte einer Freundschaft, Frankfurt/M. 1975; Werner Fuld, Walter Benjamin. Zwischen den Stühlen. Eine Biographie, München/Wien 1979; Momme Brodersen, Spinne im eigenen Netz. Walter Benjamin. Leben und Werk, Bühl/Moos 1990; Walter Benjamin 1892-1940. Eine Ausstellung des Th. W. Adorno Archivs in Verbindung mit dem Deutschen Literaturarchiv, bearbeitet von R. Tiedemann/Chr. Gödde/H. Lonitz, 3. Aufl., Marbach/N. 1991; Willem van Reijen/Herman van Doorn, Aufenthalte und Passagen. Leben und Werk Walter Benjamins, Frankfurt/M. 2001.
8 Im Stile einer herkömmlichen Autobiografie war die Vorstufe der *Berliner Kindheit*, die *Berliner Chronik* – verfasst 1932 (VI, 465-519) –, gearbeitet.
9 Als Reaktion auf die Suizide dichtete Benjamin einige Sonette; vgl. VII, 27-64.
10 Am Ende des Sprachaufsatzes spekuliert Benjamin darüber, ob nicht dieser ausgeschlossene Teil des geistigen Wesens doch in der Sprache

einen Ort hat, und versucht diesen Gedanken mit dem Begriff des Symbols zu fassen. Sprache sei nicht nur »Mitteilung des Mitteilbaren, sondern zugleich Symbol des Nicht-Mitteilbaren« (II, 156).

11 Dies hat in einer bis heute wichtigen Arbeit zu Benjamins Sprachtheorie Winfried Menninghaus nachgewiesen; vgl. ders., Walter Benjamins Theorie der Sprachmagie, Frankfurt/M. 1995 (zuerst 1980). Vgl. auch die hier anknüpfende, dekonstruktivistische Lektüre von: Bettine Menke, Sprachfiguren. Name – Allegorie – Bild nach Walter Benjamin, München 1991.

12 Zugleich knüpft er an die bei Jakob Böhme ausgearbeitete Idee von einer Natursprache an; vgl. Günther Bonheim, »Der größten Allegoriker einer«. Walter Benjamin über Jakob Böhme, über Sprache und Schrift, in: Thomas Regehly (Hg.), Namen, Texte, Stimmen. Walter Benjamins Sprachphilosophie, Stuttgart 1993, S. 29-47.

13 Zu diesem Aspekt vgl.: Irving Wohlfarth, Die Willkür der Zeichen, in: Christoph Türcke (Hg.), Perspektiven Kritischer Theorie, Lüneburg 1988, S. 124-173. Vgl. anders Rainer Nägele, der durchaus eine Nähe zwischen Benjamin und Saussure sieht: ders., Das Beben des Barock in der Moderne: Walter Benjamins Monadologie, in: Modern Language Notes, Nr. 106 (1991), S. 501-527, bes. S. 525.

14 In seiner dichten Meditation über Benjamins Sprachtheorie schreibt Hermann Schweppenhäuser zu diesem Thema: »Sprachphilosophie (und -theorie) ist sprachtheologisch legitimiert, und noch die entschiedensten säkularen Entwürfe einer Metasprache kratzen in ihren arbiträren Begriffshypostasen das Authentizitätssiegel vergeblich aus.« (Ders., Ein Physiognom der Dinge, Lüneburg 1992, S. 76)

15 Diesen Text hat Alfred Hirsch zum Zentrum seiner Rekonstruktion von Benjamins Sprachtheorie gemacht. Kenntnisreich und gut lesbar, stellt Hirschs Abhandlung auch die Zusammenhänge zu früheren und späteren Sprachtheorien dar; vgl. ders., Der Dialog der Sprachen. Studien zum Sprach- und Übersetzungsdenken Walter Benjamins und Jacques Derridas, München 1995, bes. S. 77-180. Vgl. zum Thema Übersetzung auch den vorzüglichen Sammelband von: Christiaan L. Hart Nibbrig (Hg.), Übersetzen: Walter Benjamin, Frankfurt/M. 2001.

16 Auf den Aspekt des Aufgebens hat Paul de Man hingewiesen; vgl. ders., Schlußfolgerungen: Walter Benjamins »Die Aufgabe des Über-

setzers«, in: Alfred Hirsch (Hg.), Übersetzung und Dekonstruktion, Frankfurt/M. 1997, S. 182-228, bes. S. 192.

17 Interlinearversionen sind wörtliche Übersetzungen, die im Mittelalter zwischen die Zeilen des Originals eingetragen wurden.

18 Zu diesem Thema hat Wolfgang Bock eine gründliche Studie vorgelegt; vgl. ders., Walter Benjamin – Die Rettung der Nacht. Sterne, Melancholie und Messianismus, Bielefeld 2000.

19 Diese Verwendung des Begriffs ist im heutigen Kontext verwirrend, da die Poststrukturalisten den Begriff anders verwenden – etwa Julia Kristeva in ihrer *Revolution der poetischen Sprache.*

20 Zur Theorie der Lektüre bei Benjamin vgl.: Karlheinz Stierle, Walter Benjamin und die Erfahrung des Lesens, in: Poetica 12 (1980), S. 227-248; Irving Wohlfarth, »Was nie geschrieben wurde, lesen«. Walter Benjamins Theorie des Lesens, in: Uwe Steiner (Hg.), Walter Benjamin 1892-1940, Bern u.a. 1992, S. 297-344; Alexander Honold, Walter Benjamin als Leser, Berlin 2000.

21 »Wenn Benjamin [...] die ›Entwicklungslinie der Sprache‹ darin sieht, daß ›die Scheidung zwischen der magischen und der profanen Funktion des Sprechens ... zu Gunsten der letzteren liquidiert wird‹ [...], dann ist damit dem Sinn wie dem Wortlaut nach allein dies gemeint: die ›Scheidung‹ selbst, nicht aber eines der ehemals geschiedenen ›Elemente‹ wird ›liquidiert‹, und zwar derart, daß die ›magische Funktion‹ aufhört, als direktes Element okkulter Beschwörung zu existieren, und ›restlos‹ in die ›profane Funktion‹ eingeht.« (Winfried Menninghaus, Walter Benjamins Theorie der Sprachmagie, a.a.O., S. 76)

22 Vgl. Günter Karl Pressler, Vom mimetischen Ursprung der Sprache, Frankfurt/M. u.a. 1992.

23 Scholem führte später die hebräische Form seines Namens – Gershom. So zeichnete er auch seine Arbeiten.

24 Zu Benjamins Stellung zum Judentum vgl.: Irving Wohlfarth, »Geheime Beziehungen«. Zur deutsch-jüdischen Spannung bei Walter Benjamin, in: Studi germanici (nuova serie), Jg. XXVIII (1990), S. 251-301.

25 Vgl. Walter Benjamin/Gershom Scholem, Briefwechsel 1933-1940, hg. von Gershom Scholem, Frankfurt/M. 1980; Gershom Scholem, Walter Benjamin und sein Engel, a.a.O.; ders., Walter Benjamin – die Geschichte einer Freundschaft, a.a.O.

26 Zur geistigen Verwandtschaft beider Denker vgl.: Hermann Schweppenhäuser, »Leben im Aufschub«. Gershom Scholems und Walter Benjamins philosophische Freundschaft in Auseinandersetzung mit Geschichte und Tradition, in: Mauro Ponzi/Aldo Venturelli (Hg.), Aspetti dell'identità tedesca, Rom 2002, S. 321-342.

27 Gershom Scholem, Walter Benjamin – die Geschichte einer Freundschaft, a.a.O., S. 182.

28 Vgl.: »Marx hat in der Vorstellung der klassenlosen Gesellschaft die Vorstellung der messianischen Zeit säkularisiert. Und das war gut so.« (I, 1231)

29 Rolf Tiedemann hat das Verhältnis von Theologie und Materialismus in Benjamins letztem Text untersucht; vgl. ders., Historischer Materialismus oder politischer Messianismus?, in: ders., Dialektik im Stillstand, Frankfurt/M. 1983 (zuerst 1975), S. 99-142.

30 Auf das theologische Moment im Kafka-Essay geht Andreas Pangritz ein; vgl. ders., Theologie, in: Michael Opitz/Erdmut Wizisla (Hg.), Benjamins Begriffe, Bd. 2, Frankfurt/M. 2000, S. 774-825.

31 Scholem hat die Glaubensgehalte der verschiedenen Spielarten des Messianismus in einem Aufsatz abgehandelt; vgl. ders., Zum Verständnis der messianischen Idee im Judentum, in: ders., Judaica 1, Frankfurt/M. 1963, S. 7-74.

32 Vgl. Uwe Steiner, Die Geburt der Kritik aus dem Geiste der Kunst. Untersuchungen zum Begriff der Kritik in den frühen Schriften Walter Benjamins, Würzburg 1989; Lorenz Jäger, Messianische Kritik. Studien zu Leben und Werk von Florens Christian Rang, Köln/Wien 1998.

33 Vgl. Chryssoula Kambas, Walter Benjamin an Gottfried Salomon. Bericht über eine unveröffentlichte Korrespondenz, in: Deutsche Vierteljahrsschrift für Literaturwissenschaft und Geistesgeschichte, 56. Jg. (1982), S. 601-621.

34 Vgl. das Gutachten von Cornelius in: Burkhardt Lindner, Habilitationsakte Benjamin, in: Zeitschrift für Literaturwissenschaft und Linguistik, Heft 53/54 (1984), S. 147-165, S. 155 f.

35 Kenntnisreiche Arbeiten zu Benjamins Begriff der Kritik hat Uwe Steiner vorgelegt; vgl. ders., Die Geburt der Kritik aus dem Geiste der Kunst, a.a.O.; ders., Kritik, in: Michael Opitz/Erdmut Wizisla (Hg.), Benjamins Begriffe, Bd. 2, Frankfurt/M. 2000, S. 479-523; ders., Mor-

tifikation der Werke. Walter Benjamins Theorie der Kunstkritik, in: Gérard Raulet/Uwe Steiner (Hg.), Walter Benjamin – Ästhetik und Geschichtsphilosophie, Bern 1998, S. 17-36.

36 Hier folge ich Steiner, der den ganzen Zusammenhang rekonstruiert hat; vgl. ders., Die Geburt der Kritik, a.a.O., hier bes. S. 137 u. 139 f.

37 Auch der von Jürgen Habermas an Benjamin herangetragene Begriff einer »Kritik, die zum Sprung in vergangene Jetztzeiten ansetzt, um semantische Potentiale zu retten« (Jürgen Habermas, Bewußtmachende oder rettende Kritik – die Aktualität Walter Benjamins, in: Siegfried Unseld (Hg.), Zur Aktualität Walter Benjamins, Frankfurt/M. 1972, S. 173-223, S. 212), ist bei Benjamin nicht gemeint, weil das rettende Moment kein konservatorisch bewahrendes ist, sondern schon immer durch die Zeit der Kritik mit affiziert wurde.

38 Zum Begriff der Allegorie bei Benjamin vgl. einführend: Burkhardt Lindner, Allegorie, in: Michael Opitz/Erdmut Wizisla (Hg.), Benjamins Begriffe, Bd. 1, Frankfurt/M. 2000, S. 50-94; sowie weiterführend: Willem van Reijen (Hg.), Allegorie und Melancholie, Frankfurt/M. 1992; Winfried Menninghaus, Walter Benjamins Theorie der Sprachmagie, a.a.O., S. 95 ff.; Bettine Menke, Sprachfiguren, a.a.O.

39 Zu Benjamins Melancholiekonzeption vgl.: Martina Wagner-Egelhaaf, Die Melancholie der Literatur, Stuttgart/Weimar 1997, S. 175-195.

40 Im Trauerspiel-Buch geht Benjamin auf einzelne Allegorien ein – auf Hund, Kugel, Stein, Ruine, Leiche – wie übrigens auch auf eine Fülle weiterer Bestandteile des barocken Trauerspiels.

41 Es war Jacques Derrida, der diesen Aspekt zum Angelpunkt seines frühen Hauptwerks gemacht hat; vgl. ders., Grammatologie, Frankfurt/M. 1974.

42 Vgl. hierfür insbesondere die Texte: *Das Paris des Second Empire bei Baudelaire* (I, 511-604), *Über einige Motive bei Baudelaire* (I, 605-653), *Zentralpark* (I, 655-690), *Das Passagen-Werk*, Konvolut J (V, 301-489).

43 Benjamin hat eine Theorie der Warenseele entwickelt, über die er mit Adorno stritt. Lindner stellt prägnant den Zusammenhang zur Allegorie her: »Benjamins Konstruktion der Baudelaireschen Allegorie rückt das Psychologische auf die Seite der Ware. Von ihrem Begehren geht sie aus. Nicht die Menschen eignen sich die von ihnen produzierten Waren an, sondern diese auf ihrem Zirkulationsweg zum Geld den Menschen, dem sie als phantasmagorisches Gebrauchswertver-

sprechen zu Diensten scheinen. Auf Grund dieser Verkehrung kann die Warenform im Sexualobjekt ihre fetischistische Personifikation finden.« (Burkhardt Lindner, Allegorie, a.a.O., S. 78 f.)

44 Hans Heinz Holz erkennt diesen Goethe-Bezug in Benjamins Begriff der Idee, wie er ihn im Trauerspiel-Buch entfaltet, nicht. Er forciert deshalb die Kontinuität Benjamins zur Frühromantik über Gebühr; vgl. ders., Idee, in: Michael Opitz/Erdmut Wizisla (Hg.), Benjamins Begriffe, Bd. 2, Frankfurt/M. 2000, S. 445-478.

45 Lieselotte Wiesenthal hat diesen Begriff in ihrer frühen Studie hervorgehoben; vgl. dies., Zur Wissenschaftstheorie Walter Benjamins, Frankfurt/M. 1973.

46 Gershom Scholem, Walter Benjamin und sein Engel, a.a.O., S. 18.

47 Von dieser Konzeption ist Adorno maßgeblich beeinflusst worden. Sowohl seine Theorie des Essays – niedergelegt im *Essay als Form* – als auch seine Theorie des Denkens in Konstellationen, die er in der *Negativen Dialektik* entwirft, gehen auf Benjamins Trauerspiel-Buch zurück.

48 Vgl. den Brief an Scholem vom 20.1.1930 (GB III, 502).

49 Für eine exemplarische Analyse des benjaminschen Essayismus vgl.: Sven Kramer, Rätselfragen und wolkige Stellen. Zu Benjamins Kafka-Essay, Lüneburg 1991.

50 Dies ist eine These von Nägele; vgl. ders., Das Beben des Barock in der Moderne, a.a.O., S. 505.

51 Erschwert wird die terminologische Unterscheidung zwischen den kleinen Formen – vor allem zwischen Traktat und Essay – bei Benjamin dadurch, dass er beide Begriffe anders als in dem – hier zugrunde gelegten – überlieferten Verständnis verwendet.

52 Zu all dem vgl.: Peter Szondi, Benjamins Städtebilder, in: ders., Schriften II, Frankfurt/M. 1978, S. 295-309; Willi Bolle, Physiognomik der modernen Metropole. Geschichtsdarstellung bei Walter Benjamin, Köln u.a. 1994.

53 Vgl. Heinz Schlaffer, Denkbilder. Eine kleine Prosaform zwischen Dichtung und Gesellschaftstheorie, in: Wolfgang Kuttenkeuler (Hg.), Poesie und Politik, Stuttgart u.a. 1973, S. 137-154.

54 Wenn der Herausgeber des vierten Bandes der *Gesammelten Schriften*, Tillman Rexroth, formuliert, Benjamins Denkbild verberge den »philosophischen Gehalt unter der Maske spielerischer Reflexion über unscheinbare Gegenstände« (II, 883), so verkennt er, dass das Denken

in Bildern für Benjamin keine Einkleidung, also kein abgeleitetes, sondern ein genuines ist.

55 Zu Benjamins Auseinandersetzung mit dem Surrealismus vgl.: Josef Fürnkäs, Surrealismus als Erkenntnis, Stuttgart 1988.

56 Zu diesem Begriff – sowie zu Benjamins Haschischexperimenten – vgl.: Hermann Schweppenhäuser, Die Vorschule der profanen Erleuchtung, in: ders., Ein Physiognom der Dinge. Aspekte des Benjaminschen Denkens, Lüneburg 1992, S. 104-123.

57 Zu Benjamins politischer Philosophie vgl.: Uwe Steiner, Der wahre Politiker. Walter Benjamins Begriff des Politischen, in: Internationales Archiv für Sozialgeschichte der deutschen Literatur, Bd. 25, H. 2 (2000), S. 48-92.

58 Seit Derridas Lektüre dieses Textes bildet er ein Zentrum der poststrukturalistischen Auseinandersetzung mit Benjamin; vgl. Jacques Derrida, Gesetzeskraft. Der »mystische Grund der Autorität«, Frankfurt/M. 1991; vgl. Anselm Haverkamp (Hg.), Gewalt und Gerechtigkeit. Derrida – Benjamin, Frankfurt/M. 1994. Zur Rekonstruktion und zur Kritik von Derridas Lektüre vgl.: Burkhardt Lindner, Derrida. Benjamin. Holocaust. Zur politischen Problematik der »Kritik der Gewalt«, in: Zeitschrift für kritische Theorie, H. 3 (1997), S. 65-100.

59 Vgl. II, 943 sowie Uwe Steiner, Der wahre Politiker, a.a.O.

60 Die gründlichste Darstellung der biografischen, werkgeschichtlichen und editorischen Zusammenhänge des Verhältnisses Benjamin-Brecht findet sich bei Erdmut Wizisla; vgl. ders., Walter Benjamin und Bertolt Brecht: eine Bestandsaufnahme, Diss. (masch.) HU Berlin 1994. – Zum philosophischen und politischen Verhältnis vgl.: Rolf Tiedemann, Brecht oder Die Kunst, in anderer Leute Köpfe zu denken, in: ders., Dialektik im Stillstand, Frankfurt/M. 1983, S. 42-73.

61 Vgl. Erdmut Wizisla, Walter Benjamin und Bertolt Brecht, a.a.O., S. 320.

62 Folgende Texte gehören in diesen Zusammenhang: *Aus dem Brecht-Kommentar* (II, 506-510), *Bert Brecht* (II, 660-667), *Studien zur Theorie des epischen Theaters* (II, 1380-1382), *Was ist das epische Theater? [1]* (II, 519-531), *Ein Familiendrama auf dem epischen Theater* (II, 511-514), *Theater und Rundfunk* (II, 773-776), *Brechts Dreigroschenroman* (III, 440-449), *L'Opéra de Quat' Sous* (VII, 347-349), *Das Land, in dem das Proletariat nicht genannt werden darf* (II, 539-572), *Was ist das epische*

Theater? [2] (II, 532-539) (nach: Erdmut Wizisla, Walter Benjamin und Bertolt Brecht, a.a.O., S. 337); vgl. auch: Walter Benjamin, Versuche über Brecht, hg. von Rolf Tiedemann, 6. Aufl., Frankfurt/M. 1981.

63 Vgl. Gershom Scholem, Walter Benjamin und sein Engel, a.a.O., S. 26.

64 Dies weist Wizisla nach. Zum Status von Benjamins Brecht-Lektüren schreibt er außerdem: »Benjamin war der erste systematische, mit theoretischem Anspruch arbeitende Kritiker Brechts.« (Erdmut Wizisla, Walter Benjamin und Bertolt Brecht, a.a.O., S. 239)

65 Zur Theorie des Theaters bei Benjamin und Brecht vgl.: Nikolaus Müller-Schöll, Das Theater des »konstruktiven Defaitismus«. Lektüren zur Theorie eines Theaters der A-Identität bei Walter Benjamin, Bertolt Brecht und Heiner Müller, Frankfurt/M./Basel 2002.

66 Das zeigt Benjamin in seiner Kritik *Theorien des deutschen Faschismus* (1930; III, 238-250).

67 Zur Rekonstruktion von Benjamins Faschismustheorie vgl.: Ansgar Hillach, Der Anteil der Kultur an der Prägung faschistischer Herrschaftsmittel, in: Norbert W. Bolz/Richard Faber (Hg.), Walter Benjamin. Profane Erleuchung und rettende Kritik, 2. Aufl., Würzburg 1985, S. 231-265; vgl. ders., »Ästhetisierung des politischen Lebens«. Benjamins faschismustheoretischer Ansatz – eine Rekonstruktion, in: Burkhardt Lindner (Hg.), »Links hatte noch alles sich zu enträtseln ...«, Frankfurt/M. 1978, S. 127-167.

68 Bertolt Brecht, An Walter Benjamin, der sich auf der Flucht vor Hitler entleibte, in: ders, Werke. Große kommentierte Berliner und Frankfurter Ausgabe, hg. von Werner Hecht u.a., Bd. 15, Frankfurt/M./Berlin/Weimar 1993, S. 41.

69 Für die grundlegende Untersuchung zu Benjamins Rundfunktätigkeit vgl.: Sabine Schiller-Lerg, Walter Benjamin und der Rundfunk, München u.a. 1984.

70 Diesen Ausdruck verwendet Schiller-Lerg; vgl. dies., Walter Benjamin und der Rundfunk, a.a.O., S. 219.

71 Zum verwandten Thema Kinderliteratur vgl.: Klaus Doderer (Hg.), Walter Benjamin und die Kinderliteratur, Weinheim/München 1988.

72 Vgl. Sabine Schiller-Lerg, Walter Benjamin und der Rundfunk, a.a.O., S. 197.

73 Zur Veränderung des Verhältnisses Benjamins zur Öffentlichkeit vgl.: Heinrich Kaulen, Der Kritiker und die Öffentlichkeit, in: Klaus Garber/Ludger Rehm (Hg.), global benjamin, Bd. 2, München 1999, S. 918-942.

74 Diese – im Wesentlichen bis heute gültige – Verlaufsbestimmung übernahm er aus den von ihm rezipierten Geschichten der Fotografie; vgl. Rolf H. Krauss, Walter Benjamin und der neue Blick auf die Photographie, Ostfildern 1998, S. 21.

75 Zur Fotografie und zum Thema des Bildes bei Benjamin vgl. auch: Gerhard Schweppenhäuser, Bildkraft, prismatische Arbeit und ideologische Spiegelwelten. Medienästhetik und Photographie bei Walter Benjamin, in: ders., Die Fluchtbahn des Subjekts, Münster/Hamburg/London 2001, S. 185-206.

76 Gertrud Koch spricht in diesem Zusammenhang treffend von Benjamins »Entbergungsästhetik«; vgl. dies., Kosmos im Film. Zum Raumkonzept von Benjamins »Kunstwerk«-Essay, in: Sigrid Weigel (Hg.), Leib- und Bildraum, Köln u.a. 1992, S. 35-48, bes. S. 47.

77 Die *Gesammelten Schriften* drucken vier Fassungen ab, von denen eine erst spät aufgefunden wurde, sodass die Nummerierung durcheinander geriet. In der Reihenfolge ihres Entstehens handelt es sich um: erste Fassung, ca. Herbst bis Dezember 1935 (I, 431-469); zweite Fassung, ca. Ende 1935 bis Anfang Februar 1936 (VII, 350-384); französische Fassung, ca. Januar bis April 1936, übersetzt von Pierre Klossowski, die einzige zu Benjamins Lebzeiten im Druck erschienene Fassung (I, 709-739); dritte Fassung, ca. Frühjahr 1936 bis März/April 1939 (I, 471-508; hier irrtümlich als zweite Fassung abgedruckt). Tiedemann und Schweppenhäuser privilegieren die zweite Fassung: »Sie ist die Arbeit in der Version, in der Benjamin sie zuerst veröffentlicht sehen wollte.« (VII, 661)

78 Den mediengeschichtlichen Kontexten, insbesondere denen des Films, geht Gerhard Wagner nach; vgl. ders., Walter Benjamin. Die Medien der Moderne, Berlin 1992.

79 Vgl. die Auflistung der Fundstellen in: Josef Fürnkäs, Aura, in: Michael Opitz (Hg.), Benjamins Begriffe, Bd. 1, Frankfurt/M. 2000, S. 95-146, S. 143 f. Vgl. auch: Marleen Stoessel, Aura. Das vergessene Menschliche, München/Wien 1983.

80 Eva Geulen sagt deshalb, Aura sei bei Benjamin »weniger Begriff als performativer Eingriff« (Eva Geulen, Zeit zur Darstellung, in: Modern Language Notes, 107. Jg. (1992), H. 3, S. 580-605, bes. S. 598).

81 Dieser objektive Aspekt der Aura kommt bei manchen Interpreten zu kurz. So sieht Recki sie ausschließlich auf der Seite der ästhetischen Erfahrung: »Die Aura ist kein Merkmal objektiver Realität und auch nicht deren Veränderungen unterworfen.« (Birgit Recki, Aura und Autonomie, Würzburg 1988, S. 28) Bei Benjamin selbst variieren die Akzentsetzungen. Sinnfällig wird dies, wenn er den Kult- und den Ausstellungswert in der zweiten Fassung als »Polaritäten im Kunstwerk selbst« (VII, 357) anspricht, ihr Verhältnis in der dritten Fassung aber ganz in die Rezeption verlegt. (Vgl. I, 482) Dieses Schwanken zeigt, dass er beide Bezugspunkte – den subjektiven wie den objektiven – in die Begriffsbildung einbezieht. Die Aura sollte deshalb in diesem Spannungsfeld belassen werden, ohne es zu einer der beiden Seiten hin aufzulösen. – Zur Kritik an Recki vgl. auch: Ansgar Hillach, Man muß die Aura feiern, wenn sie fällt, in: Richard Faber (Hg.), Konservatismus in Geschichte und Gegenwart, Würzburg 1991, S. 167-182, bes. S. 176 ff.

82 Er grenzt sich damit von anderen zeitgenössischen Vereinnahmungen der Aura ab, wie sie etwa in der Theosophie oder bei Klages vorkommen. Zu den konkurrierenden Begriffen der Aura und deren Einfluss auf Benjamin vgl.: Birgit Recki, Aura und Autonomie, a.a.O., S. 30-59. Zum Verhältnis zu Klages vgl. zusammenfassend: Michael Grossheim, Archaisches oder dialektisches Bild?, in: Deutsche Vierteljahrsschrift für Literaturwissenschaft und Geistesgeschichte, 71. Jg. (1997), S. 494-517. Zur naturwissenschaftlichen Debatte und zur Theoriegeschichte der Fotografie vgl.: Wolfgang Braungart, Walter Benjamin, Stefan George und die Frühgeschichte des Begriffs der Aura, in: Castrum peregrini, 46. Jg. (1997), S. 38-51.

83 In diesem Sinne formuliert Eva Geulen: »Echtheit ist ein nachträglicher Effekt. Am Anfang stand nicht das Original, sondern die Reproduktion, die den Begriff der Echtheit erst ermöglicht. Erst auf der Folie der Reproduzierbarkeit wird Echtheit ›echt‹.« (Eva Geulen, Zeit zur Darstellung, a.a.O., S. 598)

84 In der Forschung wurde wegen dieser Differenzierung plausibel zwischen einer originalen Kultaura und einer Pseudoaura unterschieden. (Vgl. Josef Fürnkäs, Aura, a.a.O., S. 141)

85 Ausweichend schreibt er, die Wirkung der fotografischen Reproduktion von Kunstwerken für die Funktion der Kunst sei von sehr viel größerer Wichtigkeit als die mehr oder minder künstlerische Gestaltung einer Fotografie. (Vgl. II, 381) Und die Versuche der Surrealisten, die Fotografie künstlerisch zu bewältigen, erklärt er kurzweg für gescheitert. (Vgl. III, 504)

86 Wenn Benjamin davon spricht, dass die Technik zum Organ werden könne, bereitet er Überlegungen vor, die McLuhan in den Sechzigerjahren weiter ausarbeitete und die heute eine wichtige Rolle in der Medientheorie spielen.

87 Vgl. dazu: Bernd Auerochs, Aura, Film, Reklame. Zu Walter Benjamins Aufsatz »Das Kunstwerk im Zeitalter seiner technischen Reproduzierbarkeit«, in: Theo Elm/Hans H. Hiebel (Hg.), Medien und Maschinen, Freiburg/Br. 1991, S. 107-127.

88 Zum Begriff der Montage bei Benjamin vgl. auch: Sven Kramer, Montierte Bilder. Zur Bedeutung der filmischen Montage für Walter Benjamins Denken und Schreiben, in: Anja Lemke/Martin Schierbaum (Hg.), »In die Höhe fallen«. Grenzgänge zwischen Literatur und Philosophie, Würzburg 2000, S. 195-211.

89 Vgl. Miriam Hansen, Benjamin, Cinema and Experience: »The Blue Flower in the Land of Technology«, in: New German Critique, 40. Jg. (1987), S. 179-224, bes. S. 211. In ihrem richtungsweisenden Aufsatz argumentiert Hansen, der Film sei ein Medium eigenständiger Erfahrung und beziehe sich dabei insbesondere auf Benjamins Optisch-Unbewusstes.

90 Für Baudelaire setzt er einen ähnlichen Vorgang an, hält aber dort bis in die Formulierung hinein den positiven und den negativen Momenten die Waage: Baudelaire »hat den Preis bezeichnet, um welchen die Sensation der Moderne zu haben ist: die Zertrümmerung der Aura im Chockerlebnis« (I, 653). Die Sensation, also die Erfahrbarkeit der Moderne gelingt erst durch die Zertrümmerung – und beruht dadurch ihrerseits auf einem Erfahrungsverlust.

91 Hansen spricht in diesem Sinne von der Wiederkehr eines auratischen Modus der Erfahrung durch die Hintertür des Optisch-Unbewussten; vgl. Miriam Hansen, Benjamin, Cinema and Experience, a.a.O., S. 212.

92 Zu Benjamins Situation im Exil und zu einigen der dort entstandenen Arbeiten vgl. die grundlegende Arbeit von: Chryssoula Kambas, Walter Benjamin im Exil, Tübingen 1983.

93 Die Datierung übernehme ich von Susan Buck-Morss (vgl. dies., Dialektik des Sehens, a.a.O., S. 68-70), die jene von Tiedemann (vgl. V, 1081 ff.) modifiziert. In ihrer umfassenden Monographie rekonstruiert sie darüber hinaus u.a. die Vorgeschichte von Benjamins Beschäftigung mit dem *Passagen-Werk*.

94 Tiedemann schreibt: »die Arbeit über Baudelaire sollte wenigstens ein *Miniaturmodell* des Passagenwerks erstellen« (V, 1146). – In der ersten Phase entstanden *Passagen* (V, 1041-1043), *Pariser Passagen* I und II (V, 993-1038; V, 1044-1059), *Der Saturnring*... (V, 1060-1063); in die zweite Phase fallen das Exposé *Paris, die Hauptstadt des 19. Jahrhunderts* (V, 45-59), *Das Paris des Second Empire bei Baudelaire* (I, 511-604), *Zentralpark* (I, 655-690); die dritte Phase bringt *Über einige Motive bei Baudelaire* (I, 605-653) und *Paris, Capitale du XIXème siècle* (V, 60-77) hervor. Daneben wurde das Haupttextkorpus (V, 79-989) dauernd weiterentwickelt.

95 Heinz Brüggemann formuliert: »Raumgewordene Vergangenheit – das ist die entscheidende metaphorische Bestimmung des Begriffs der *Passage*, und diese Verräumlichung der Zeit betrifft beide: die erinnerte Lebenszeit des Individuums wie die historische Zeit, den Geschichtsverlauf, der hier in der Passage, im erstarrten Hohlraum des 19. Jahrhunderts, ins Gehäufte, Ungeordnete, Verkramte und Vergessene zerfällt.« (Heinz Brüggemann, Passagen, in: Michael Opitz/Erdmut Wizisla (Hg.), Benjamins Begriffe, Bd. 2, Frankfurt/M. 2000, S. 573-618, S. 582) Brüggemann betont den Aspekt der künstlerischen Verfahrensweise im *Passagen-Werk*, wobei Benjamin zwei ästhetische Diskurse der Modernität gegeneinander führe: den surrealistischen und den konstruktivistischen.

96 Zu den einzelnen Aspekten des Themas Erinnerung vgl.: Nicolas Pethes, Mnemographie. Poetiken der Erinnerung und Destruktion nach Walter Benjamin, Tübingen 1999.

97 Vgl. dazu die wichtige Arbeit von: Winfried Menninghaus, Schwellenkunde, Frankfurt/M. 1986.

98 Sigrid Weigel zeichnet den Einfluss Freuds auf Benjamin nach; vgl. dies., Entstellte Ähnlichkeit, Frankfurt/M. 1997, S. 27-51.

99 Diesen Text stellt Heinrich Kaulen in das Zentrum seiner instruktiven Auseinandersetzung mit Benjamins Geschichtstheorie; vgl. ders., Rettung und Destruktion, Tübingen 1987, bes. S. 91-197.

100 Eine hervorragende Zusammenfassung des benjaminschen Geschichtsdenkens findet sich in: Stéphane Moses, Eingedenken und Jetztzeit. Geschichtliches Bewußtsein im Spätwerk Walter Benjamins, in: Anselm Haverkamp/Renate Lachmann (Hg.), Memoria, München 1993, S. 385-405.

101 Ähnlich formuliert Benjamin in I, 702 f. Dort benutzt er aber den Terminus »Monade« statt den des dialektischen Bildes.

102 Zum Begriff des dialektischen Bildes vgl.: Ansgar Hillach, Dialektisches Bild, in: Michael Opitz/Erdmut Wizisla (Hg.), Benjamins Begriffe, Bd. 1, a.a.O., S. 186-229.

103 Die philologische Tätigkeit des Zitatesammelns bezieht Benjamin auch auf die Figur des Lumpensammlers. In beiden Fällen wird das Fragmentierte, Isolierte und Überflüssige zu einer neuen Einheit zusammengefügt. Vgl. Irving Wohlfarth, Et cetera? Der Historiker als Lumpensammler, in: Norbert W. Bolz/Bernd Witte (Hg.), Passagen, München 1984, S. 70-95.

104 Erst als Cornelius emeritiert war, konnte er es erneut versuchen und war 1931 schließlich erfolgreich; vgl. Burkhardt Lindner, Habilitationsakte Benjamin, a.a.O., S. 159 f.

105 Vgl. Adornos Seminar vom Sommersemester 1932 über Benjamins »Ursprung des deutschen Trauerspiels«. Protokolle, in: Frankfurter Adorno Blätter IV, hg. vom Th. W. Adorno Archiv, München 1995, S. 52-77.

106 Theodor W. Adorno, Charakteristik Walter Benjamins, in: ders., Gesammelte Schriften, Bd. 10, Frankfurt/M. 1974, S. 238-253, bes. S. 247.

107 Karl Marx, Das Kapital, Bd. 1, in: Marx Engels Werke, Bd. 23, Berlin/DDR 1962, S. 86.

108 Später ergänzt er: »Die Ware fühlt sich [...] nicht nur und nicht sowohl in den Käufer ein, denn vor allem in ihren Preis.« (ABB, 404)

109 Diesen Terminus prägten er und Horkheimer in den Vierzigerjahren in der *Dialektik der Aufklärung*. Der Sache nach ist er bei Adorno schon früher zu finden.

110 Zu den verschiedenen Auffassungen Benjamins und Adornos vgl. auch: Sven Kramer, Benjamin und Adorno über Kunst in der Massenkultur, in: Rodrigo Duarte/Gerhard Schweppenhäuser (Hg.), Massenkultur, Hamburg/Münster 2003, S. 21-41.

111 Seit dem Sammelband von Peter Bulthaup (ders. (Hg.), Materialien zu Benjamins Thesen »Über den Begriff der Geschichte«, Frankfurt/M. 1975) haben sich zahlreiche Interpreten mit dem Text und dem Engel der Geschichte beschäftigt. Hervorzuheben ist Scholems Auseinandersetzung mit dem Motiv des Engels im Werk Benjamins; vgl. ders., Walter Benjamin und sein Engel, a.a.O., S. 35-72.

112 Vgl. in den Vorarbeiten: »der Historiker wendet der eignen Zeit den Rücken, und sein Seherblick entzündet sich an den immer tiefer ins Vergangene hinschwindenden Gipfeln der früheren Menschengeschlechter« (I, 1237).

113 Scholem nennt ihn deshalb treffend eine »melancholische Figur« (Gershom Scholem, Walter Benjamin und sein Engel, a.a.O., S. 67).

114 Hans Sahl, Walter Benjamin im Lager, in: Siegfried Unseld (Hg.), Zur Aktualität Walter Benjamins, Frankfurt/M. 1972, S. 74-81, bes. S. 77 f.

115 Eine tragische Entscheidung, denn Benjamin hatte die Situation falsch eingeschätzt. Die Gruppe, mit der er die Grenze überquert hatte, konnte am nächsten Tag unbehelligt weiterreisen.

116 Bertolt Brecht, Zum Freitod des Flüchtlings W.B., in: ders., Werke, Bd. 15, a.a.O., S. 48.

Literaturhinweise

1. Schriften und Briefe Benjamins

Benjamin, Walter, Gesammelte Schriften, Bd. I-VII, unter Mitwirkung von Theodor W. Adorno und Gershom Scholem hg. von Tiedemann, Rolf/Schweppenhäuser, Hermann, Frankfurt/M. 1972-1989. Im Text zitiert mit der römischen Band- und der arabischen Seitenzahl.

Benjamin, Walter, Werke und Nachlaß. Kritische Gesamtausgabe, im Auftrag der Hamburger Stiftung zur Förderung von Wissenschaft und Kultur hg. v. Gödde, Christoph/Lonitz, Henri, in Zusammenarbeit mit dem Walter Benjamin Archiv, Frankfurt/M. und Berlin 2008 ff. (Die Jahresangaben bei den Einzelbänden geben das Publikationsjahr der bereits erschienenen Bände an.)
Band 1: Jugendschriften
Band 2: Philosophische und ästhetische Schriften
Band 3: Der Begriff der Kunstkritik in der deutschen Romantik (2008)
Band 4: Goethes Wahlverwandtschaften
Band 5: Gedichte und Erzählungen
Band 6: Ursprung des deutschen Trauerspiels
Band 7: Charles Baudelaire, Tableaux Parisiens (2017)
Band 8: Einbahnstraße (2009)
Band 9: Rundfunkarbeiten (2017)
Band 10: Deutsche Menschen (2008)
Band 11: Berliner Chronik / Berliner Kindheit um neunzehnhundert (2019)
Band 12: Essays zur Literatur
Band 13: Kritiken und Rezensionen (2011)
Band 14: Texte über Städte, Berichte, Feuilletons
Band 15: Autobiographische Schriften und Protokolle zu Drogenversuchen
Band 16: Das Kunstwerk im Zeitalter seiner technischen Reproduzierbarkeit (2013)
Band 17: Pariser Passagen / Paris, die Hauptstadt des XIX. Jahrhunderts

Band 18: Charles Baudelaire. Ein Lyriker im Zeitalter des Hochkapitalismus
Band 19: Über den Begriff der Geschichte (2010)
Band 20: Notizhefte und Notizblock
Band 21: Manuskriptkonvolute, Einzelblätter, Lichtenbergbibliographie

Benjamin, Walter, Gesammelte Briefe, Bd. 1-6, hg. von Gödde, Christoph/Lonitz, Henri, Frankfurt/M. 1995-2000 (Sigle GB, römische Band- und arabische Seitenzahl).
Benjamin, Walter/Scholem, Gershom, Briefwechsel 1933-1940, hg. von Scholem, Gershom, Frankfurt/M. 1980 (Sigle BSB).
Benjamin, Walter, Briefe an Siegfried Kracauer, hg. vom Th. W. Adorno Archiv, Marbach/N. 1987.
Adorno, Theodor W./Benjamin, Walter, Briefwechsel 1928-1940, hg. von Lonitz, Henri, 2. Aufl., Frankfurt/M. 1995 (Sigle ABB).
Adorno, Gretel/Benjamin, Walter, Briefwechsel 1930-1940, hg. von Gödde, Christoph/Lonitz, Henri, Frankfurt/M. 2005.

2. Bibliographien

Brodersen, Momme, Walter Benjamin. Eine kommentierte Bibliographie, Morsum 1995.
Markner, Reinhard/Weber, Thomas (Hg.), Literatur über Walter Benjamin. Kommentierte Bibliographie 1983-1992, Hamburg 1993.
Markner, Reinhard/Rehm, Ludger, Bibliographie zu Walter Benjamin (1993-1997), in: Garber, Klaus/Rehm, Ludger (Hg.), global benjamin, Bd. 3, München 1999, S. 1849-1916.
Wesseling, Klaus-Gunther (Hg.), Walter Benjamin. Eine Bibliographie, Nordhausen 2003.

3. Sekundärliteratur (Auswahl)

a) Monographien

Bock, Wolfgang, Walter Benjamin – Die Rettung der Nacht. Sterne, Melancholie und Messianismus, Bielefeld 2000.

Bolle, Willi, Physiognomik der modernen Metropole. Geschichtsdarstellung bei Walter Benjamin, Köln u.a. 1994.

Bröcker, Michael, Die Grundlosigkeit der Wahrheit. Zum Verhältnis von Sprache, Geschichte und Theologie bei Walter Benjamin, Würzburg 1993.

Buck-Morss, Susan, Dialektik des Sehens, Frankfurt/M. 1993.

Derrida, Jacques, Gesetzeskraft. Der »mystische Grund der Autorität«, Frankfurt/M. 1991.

Eiland, Howard/Jennings, Michael W., Walter Benjamin. Eine Biographie, Berlin 2020.

Gagnebin, Jeanne Marie, Geschichte und Erzählung bei Walter Benjamin, Würzburg 2000.

Garber, Klaus, Rezeption und Rettung, Tübingen 1987.

Ders., Walter Benjamin als Briefschreiber und Kritiker, München 2005.

Grossenbacher, Fabian, Dialektik des Bildlichen. Zum Sprachdenken Walter Benjamins, Tübingen 2016.

Hirsch, Alfred, Der Dialog der Sprachen. Studien zum Sprach- und Übersetzungsdenken Walter Benjamins und Jacques Derridas, München 1995.

Honold, Alexander, Walter Benjamin als Leser, Berlin 2000.

Jäger, Lorenz, Walter Benjamin. Das Leben eines Unvollendeten, Berlin 2017.

Kambas, Chryssoula, Walter Benjamin im Exil, Tübingen 1983.

Kaulen, Heinrich, Rettung und Destruktion, Tübingen 1987.

Khatib, Sami R., »Teleologie ohne Endzweck«. Walter Benjamins Entstellung des Messianischen, Marburg 2013.

Kramer, Sven, Rätselfragen und wolkige Stellen. Zu Benjamins Kafka-Essay, Lüneburg 1991.

Krauss, Rolf H., Walter Benjamin und der neue Blick auf die Photographie, Ostfildern 1998.

Lemke, Anja, Gedächtnisräume des Selbst. Walter Benjamins »Berliner Kindheit um neunzehnhundert«, 2., überarb. Aufl., Würzburg 2008.

Lindner, Burkhardt, Studien zu Benjamin, hg. v. Jessica Nitsche u. Nadine Werner, Berlin 2016.

Menke, Bettine, Sprachfiguren. Name – Allegorie – Bild nach Walter Benjamin, München 1991.

Menninghaus, Winfried, Schwellenkunde, Frankfurt/M. 1986.

Ders., Walter Benjamins Theorie der Sprachmagie, Frankfurt/M. 1995 (zuerst 1980).

Mettin, Martin, Echo im Sprachwald. Figuren dialektischen Hörens bei Walter Benjamin, Berlin 2019.

Müller-Schöll, Nikolaus, Das Theater des »konstruktiven Defaitismus«. Lektüren zur Theorie eines Theaters der A-Identität bei Walter Benjamin, Bertolt Brecht und Heiner Müller, Frankfurt/M./Basel 2002.

Palmier, Jean-Michel, Walter Benjamin. Lumpensammler, Engel und bucklicht Männlein, Frankfurt/M. 2009.

Pethes, Nicolas, Mnemographie. Poetiken der Erinnerung und Destruktion nach Walter Benjamin, Tübingen 1999.

Pressler, Günter Karl, Vom mimetischen Ursprung der Sprache, Frankfurt/ M. u.a. 1992.

Raulet, Gérard, Positive Barbarei. Kulturphilosophie und Politik bei Walter Benjamin, Münster 2004.

Recki, Birgit, Aura und Autonomie. Zur Subjektivität der Kunst bei Walter Benjamin und Theodor W. Adorno, Würzburg 1988.

Reijen, Willem van/Doorn, Herman van, Aufenthalte und Passagen. Leben und Werk Walter Benjamins, Frankfurt/M. 2001.

Schiller-Lerg, Sabine, Walter Benjamin und der Rundfunk, München u.a. 1984.

Schöttker, Detlev, Konstruktiver Fragmentarismus. Form und Rezeption der Schriften Walter Benjamins, Frankfurt/M. 1999.

Scholem, Gershom, Walter Benjamin und sein Engel, hg. von Tiedemann, Rolf, Frankfurt/M. 1983.

Ders., Walter Benjamin – die Geschichte einer Freundschaft, Frankfurt/M. 1975.

Schweppenhäuser, Hermann, Ein Physiognom der Dinge. Aspekte des Benjaminschen Denkens, Lüneburg 1992.

Steiner, Uwe, Die Geburt der Kritik aus dem Geiste der Kunst. Untersuchungen zum Begriff der Kritik in den frühen Schriften Walter Benjamins, Würzburg 1989.

Ders., Walter Benjamin, Stuttgart 2004.
Stoessel, Marleen, Aura. Das vergessene Menschliche, München/Wien 1983.
Stüssi, Anna, Erinnerung an die Zukunft. Walter Benjamins »Berliner Kindheit um 1900«, Göttingen 1977.
Tiedemann, Rolf, Dialektik im Stillstand, Frankfurt/M. 1983.
Ders., Studien zur Philosophie Walter Benjamins, Frankfurt/M. 1973.
Urbich, Jan, Darstellung bei Walter Benjamin. Die »Erkenntniskritische Vorrede« im Kontext ästhetischer Darstellungstheorien der Moderne, Berlin u. a. 2012.
Weigel, Sigrid, Entstellte Ähnlichkeit. Walter Benjamins theoretische Schreibweise, Frankfurt/M. 1997.
Dies., Walter Benjamin. Die Kreatur, das Heilige, die Bilder, Frankfurt/M. 2008.
Wizisla, Erdmut, Benjamin und Brecht. Die Geschichte einer Freundschaft, Frankfurt/M. 2004.

b) Sammelbände

Arnold, Heinz Ludwig/Wegmann, Thomas (Hg.), Walter Benjamin, 3. Aufl., Neufassung. München 2009.
Blättler, Christine/Voller, Christian (Hg.), Walter Benjamin – Politisches Denken, Baden-Baden 2016.
Bolz, Norbert W./Faber, Richard (Hg.), Walter Benjamin. Profane Erleuchtung und rettende Kritik, 2. Aufl., Würzburg 1985.
Dies. (Hg.), Antike und Moderne, Würzburg 1986.
Brüggemann, Heinz/Günter Oesterle (Hg.), Walter Benjamin und die romantische Moderne, Würzburg 2009.
Doderer, Klaus (Hg.), Walter Benjamin und die Kinderliteratur. Aspekte der Kinderkultur in den zwanziger Jahren, Weinheim/München 1988.
Duttlinger, Carolin/Morgan, Ben/Phelan, Anthony (Hg.), Walter Benjamins anthropologisches Denken, Freiburg i. Br. u. a. 2012.
Garber, Klaus/Rehm, Ludger (Hg.), global benjamin, 3 Bde., München 1999.
Goebel, Rolf J., A Companion to the Works of Walter Benjamin, Rochester, NY 2009.
Hart Nibbrig, Christiaan L. (Hg.), Übersetzen: Walter Benjamin, Frankfurt/M. 2001.

Haverkamp, Anselm (Hg.), Gewalt und Gerechtigkeit. Derrida – Benjamin, Frankfurt/M. 1994.

Hühn, Helmut/Urbich, Jan/Steiner, Uwe (Hg.), Benjamins Wahlverwandtschaften. Zur Kritik einer programmatischen Interpretation, Berlin 2015.

Lindner, Burkhardt (Hg.), Benjamin-Handbuch. Leben – Werk – Wirkung, Stuttgart 2006.

Opitz, Michael/Wizisla, Erdmut (Hg.), Aber ein Sturm weht vom Paradiese her. Texte zu Walter Benjamin, Leipzig 1992.

Dies. (Hg.), Benjamins Begriffe, 2 Bde., Frankfurt/M. 2000.

Raulet, Gérard/Steiner, Uwe (Hg.), Walter Benjamin. Ästhetik und Geschichtsphilosophie, Bern 1998.

Regehly, Thomas (Hg.), Namen, Texte, Stimmen. Walter Benjamins Sprachphilosophie, Stuttgart 1993.

Reijen, Willem van (Hg.), Allegorie und Melancholie, Frankfurt/M. 1992.

Schöttker, Detlev (Hg.), Walter Benjamin. Über Städte und Architekturen, Berlin 2016.

Steiner, Uwe (Hg.), Walter Benjamin 1892-1940, Bern u.a. 1992.

Unseld, Siegfried (Hg.), Zur Aktualität Walter Benjamins, Frankfurt/M. 1972.

Weidner, Daniel (Hg.), Profanes Leben. Walter Benjamins Dialektik der Säkularisierung, Berlin 2010.

c) Aufsätze, die nicht in den angeführten Sammelbänden enthalten sind

Adorno, Theodor W., Charakteristik Walter Benjamins, in: ders., Gesammelte Schriften, Bd. 10, Frankfurt/M. 1974, S. 238-253.

Adornos Seminar vom Sommersemester 1932 über Benjamins »Ursprung des deutschen Trauerspiels«. Protokolle, in: Frankfurter Adorno Blätter IV, hg. vom Th. W. Adorno Archiv, München 1995, S. 52-77.

Auerochs, Bernd, Aura, Film, Reklame. Zu Walter Benjamins Aufsatz »Das Kunstwerk im Zeitalter seiner technischen Reproduzierbarkeit«, in: Elm, Theo/Hiebel, Hans H. (Hg.), Medien und Maschinen, Freiburg/Br. 1991, S. 107-127.

Braungart, Wolfgang, Walter Benjamin, Stefan George und die Frühgeschichte des Begriffs der Aura, in: Castrum peregrini, 46. Jg. (1997),S. 38-51.

Geulen, Eva, Zeit zur Darstellung, in: Modern Language Notes, 107. Jg. (1992), Heft 3, S. 580-605.

Hansen, Miriam, Benjamin, Cinema and Experience: »The Blue Flower in the Land of Technology«, in: New German Critique, 40. Jg. (1987), S. 179-224.

Hillach, Ansgar, Man muß die Aura feiern, wenn sie fällt. Überlegungen zu Walter Benjamins anarchistischem Konservatismus, in: Faber, Richard (Hg.), Konservatismus in Geschichte und Gegenwart, Würzburg 1991, S. 167-182.

Kambas, Chryssoula, Walter Benjamin an Gottfried Salomon. Bericht über eine unveröffentlichte Korrespondenz, in: Deutsche Vierteljahrsschrift für Literaturwissenschaft und Geistesgeschichte, 56. Jg. (1982), S. 601-621.

Koch, Gertrud, Kosmos im Film. Zum Raumkonzept von Benjamins »Kunstwerk«-Essay, in: Weigel, Sigrid (Hg.), Leib- und Bildraum, Köln/Weimar/Wien 1992, S. 35-48.

Kramer, Sven, Montierte Bilder. Zur Bedeutung der filmischen Montage für Walter Benjamins Denken und Schreiben, in: Lemke, Anja/Schierbaum, Martin (Hg.), »In die Höhe fallen«, Würzburg 2000, S. 195-211.

Lindner, Burkhardt, Derrida. Benjamin. Holocaust. Zur politischen Problematik der »Kritik der Gewalt«, in: Zeitschrift für kritische Theorie, H. 3 (1997), S. 65-100.

Ders., Habilitationsakte Benjamin, in: Zeitschrift für Literaturwissenschaft und Linguistik, H. 53/54 (1984), S. 147-165.

Man, Paul de, Schlußfolgerungen. Walter Benjamins »Die Aufgabe des Übersetzers«, in: Hirsch, Alfred (Hg.), Übersetzung und Dekonstruktion, Frankfurt/M. 1997, S. 182-228.

Moses, Stéphane, Eingedenken und Jetztzeit. Geschichtliches Bewußtsein im Spätwerk Walter Benjamins, in: Haverkamp, Anselm/Lachmann, Renate (Hg.), Memoria, München 1993, S. 385-405.

Nägele, Rainer, Das Beben des Barock in der Moderne: Walter Benjamins Monadologie, in: Modern Language Notes, Nr. 106 (1991), S. 501-527.

Schlaffer, Heinz, Denkbilder, in: Kuttenkeuler, Wolfgang (Hg.), Poesie und Politik, Stuttgart u.a. 1973, S. 137-154.

Scholem, Gershom, Zum Verständnis der messianischen Idee im Judentum, in: ders., Judaica 1, Frankfurt/M. 1963, S. 7-74.

Schweppenhäuser, Gerhard, Bildkraft, prismatische Arbeit und ideologische Spiegelwelten. Medienästhetik und Photographie bei Walter Benjamin, in: ders., Die Fluchtbahn des Subjekts, Münster/Hamburg/London 2001, S. 185-206.

Schweppenhäuser, Hermann, »Leben im Aufschub«. Gershom Scholems und Walter Benjamins philosophische Freundschaft in Auseinandersetzung mit Geschichte und Tradition, in: Ponzi, Mauro/Venturelli, Aldo (Hg.), Aspetti dell'identità tedesca, Rom 2002, S. 321-342.

Steiner, Uwe, Der wahre Politiker. Walter Benjamins Begriff des Politischen, in: Internationales Archiv für Sozialgeschichte der deutschen Literatur, Bd. 25 (2000), H. 2, S. 48-92.

Stierle, Karlheinz, Walter Benjamin und die Erfahrung des Lesens, in: Poetica 12 (1980), S. 227-248.

Stoessel, Marleen, Aura. Das vergessene Menschliche, München/Wien 1983.

Szondi, Peter, Benjamins Städtebilder, in: ders., Schriften II, Frankfurt/M. 1978, S. 295-309.

Wohlfarth, Irving, »Geheime Beziehungen«. Zur deutsch-jüdischen Spannung bei Walter Benjamin, in: Studi germanici (nuova serie), XXVIII. Jg. (1990), S. 251-301.

Ders., Die Willkür der Zeichen, in: Türcke, Christoph (Hg.), Perspektiven Kritischer Theorie, Lüneburg 1988, S. 124-173.

Zeittafel

1892	Geburt am 15. Juli in Berlin als Walter Bendix Schönflies Benjamin.
1912	Abitur.
1912-19	Studium der Philosophie und der Philologie in Freiburg/Br., Berlin, München und Bern.
1912-14	Engagement in der Schulreformbewegung Gustav Wynekens. Vermutlich Teilnahme am Treffen der Jugendbewegung auf dem Hohen Meißner im Oktober 1913.
1915	Benjamin lernt Gershom Scholem kennen, mit dem ihn eine lebenslange Freundschaft verbindet.
1916	*Über Sprache überhaupt und über die Sprache des Menschen* (posthum publiziert).
1917	Am 17. April Heirat mit Dora Sophie Pollak, geb. Kellner. *Über das Programm der kommenden Philosophie* (posthum publiziert).
1918	Geburt des Sohnes Stefan Rafael am 11. April.
1920	*Der Begriff der Kunstkritik in der deutschen Romantik*. Benjamin hat die Dissertation 1919 eingereicht. *Theologisch-politisches Fragment* (posthum publiziert).
1921	*Zur Kritik der Gewalt.*
1923	Baudelaire-Übertragungen der *Tableaux parisiens* mit dem Vorwort *Die Aufgabe des Übersetzers.*
1924	Reise nach Capri. Bekanntschaft mit Asja Lacis.
1924-25	*Goethes Wahlverwandtschaften* (verfasst 1921/22).
1925	Benjamin zieht seinen Habilitationsantrag zurück, nachdem die Gutachter der Universität Frankfurt/M. ihn intern abgewiesen haben.
1926	Proust-Übersetzungen mit Franz Hessel.
1926-27	Reisen nach Paris und zu Lacis nach Moskau. *Moskauer Tagebuch* (posthum publiziert).

1927-40	Arbeit am Fragment gebliebenen, erst 1982 publizierten *Passagen-Werk*.
1928	*Ursprung des deutschen Trauerspiels*, Benjamins Habilitationsschrift. *Einbahnstraße*.
1929	*Der Sürrealismus. Zum Bilde Prousts*. Beginn der regelmäßigen Tätigkeit für den Rundfunk in Berlin und Frankfurt (bis 1933).
1930	Scheidung von Dora. Reise nach Skandinavien. *Theorien des deutschen Faschismus*.
1931	*Karl Kraus. Kleine Geschichte der Photographie*.
1932	*Radau um Kasperl. Berliner Chronik* (posthum publiziert).
1933	Im März Emigration nach Paris. *Lehre vom Ähnlichen/Über das mimetische Vermögen* (posthum publiziert). *Agesilaos Santander* (posthum publiziert). *Erfahrung und Armut*.
1934	*Berliner Kindheit um 1900* vorerst abgeschlossen, Fassung letzter Hand 1938 (posthum publiziert). Rede *Der Autor als Produzent*. Erste Reise zu Brecht nach Dänemark. Weitere folgen 1936 und 1938. *Franz Kafka*.
1935	*Paris, die Hauptstadt des 19. Jahrhunderts*; ein Exposé zur Passagenarbeit (posthum publiziert).
1936	*Das Kunstwerk im Zeitalter seiner technischen Reproduzierbarkeit* (verfasst 1935, weitere Fassungen 1936-1939). *Deutsche Menschen. Der Erzähler*.
1937	*Eduard Fuchs, der Maler und der Historiker*.
1938	*Das Paris des Second Empire bei Baudelaire* (posthum publiziert).
1939	*Was ist das epische Theater?* (Zweite Fassung) Ausbürgerung aus Deutschland. Nach Kriegsbeginn, vom September bis Ende November, Internierung als feindlicher Ausländer in Paris, Nevers und Vernuche.
1940	*Über einige Motive bei Baudelaire. Über den Begriff der Geschichte* (posthum publiziert). Am 26. September Suizid in Port Bou, Spanien, auf der Flucht vor den Nationalsozialisten.

Sven Kramer, Prof. Dr., geb. 1961 in Hamburg, ist Literatur- und Kulturwissenschaftler. Er forscht und lehrt als Professor für Neuere deutsche Literaturwissenschaft und Literarische Kulturen an der Leuphana Universität Lüneburg. Veröffentlichungen (u.a.): »Über diesem Abgrund«. Studien zur Literatur der Shoah (2020); Ästhetiken des Widerstands (Hg., 2019); Neue Naturverhältnisse in der Gegenwartsliteratur? (Mithg., 2015); Transformationen der Gewalt im Film (2014); Der Nationalsozialismus und die Shoah in der deutschsprachigen Gegenwartsliteratur (Mithg., 2014); Spuren der Zeitgeschichte im Kulturraum Elbe (Mithg., 2012);